Das kleine

Bierkochbuch

Genießer-Rezepte von deftig bis süß

SANDRA GANZENMÜLLER
SEBASTIAN PRILLER-RIEGELE
FEATURING: BERND AROLD

blv

Inhalt

Bier ist Genuss

»Welches Bier ist ein gutes Bier?« oder »Wie erkennt man ein gutes Bier?« – zwei Fragen, mit denen ich in meinem Berufsleben sehr oft konfrontiert werde. Auf den ersten Blick scheint die Antwort auf solch simple Fragen ganz einfach zu sein: »Gut ist, was gefällt; gut ist, was schmeckt.«

Wer jedoch intensiver über das Thema nachdenkt, stellt schnell fest, dass der Geschmack, der Genuss, das Gefallen von Bieren ein subjektiver Eindruck ist, der oftmals geprägt wird von Trends und offiziell geltenden Strömungen. Wir lassen uns in unseren Empfindungen und Meinungen manchmal zu schnell beeinflussen, ohne uns selbst intensiv mit Genuss und Sensorik auseinanderzusetzen. Und das ist in meinen Augen gerade bei Bier sehr schade. Deutschland ist eine der führenden Biernationen der Welt, die die Bierkultur und die Braukunst über viele Jahrhunderte entscheidend mitgeprägt hat und dies auch in Zukunft tun wird. Wir sind Bierkenner – geschichtlich betrachtet.

Ich habe mich daher entschieden, als Biersommelière meinen ganz persönlichen Beitrag zu leisten, dass wir uns beim Genuss von Bier wieder auf unsere Sinne konzentrieren und verlassen, wieder schmecken und erkennen lernen und Spaß haben an handwerklicher, traditioneller, aber auch innovativer Braukunst. Ich setze mich dafür ein, dass sich die Biervielfalt vor allem in Deutschland vergrößert und sich hier eine neue Bierkultur entwickelt beziehungsweise die alte erhalten bleibt. Ich möchte die Begeisterung, die ich beim Verkosten besonderer Biere habe, die Genussmomente, die ich dabei erlebe, die Leidenschaft, die ich beim Suchen und Aufspüren neuer Bierspezialitäten entwickle, und die Geschichten, die mir Braumeister zu ihren Bierkreationen erzählen, weitergeben. In diesem Buch können Sie gemeinsam mit dem zweiten **Weltmeister der Sommeliers für Bier, Sebastian Priller-Riegele**, und mir Ihre Sinne schulen und Ihr Genusskönnen wieder entdecken. Wir hatten viel Spaß beim Zusammenstellen der Themen und Geschichten zu diesem Buch und haben bei der Entstehung das ein oder andere Bier zusammen neu entdecken dürfen. In diesem Sinne: Genießen Sie (wieder) Bier!

Ihre

Sandra Ganzenmüller

»Bier ist der Beweis, dass Gott uns liebt und will, dass wir glücklich sind.«

Benjamin Franklin

Braukunst

Leidenschaft. Hingabe. Wissen.

Die Kunst des Bierbrauens

Was braucht es, um gutes Bier zu brauen? Leidenschaft. Hingabe. Wissen. Wo dieser Dreiklang zusammenkommt, entsteht aus einem Gerstenkorn ein Bier, ein gutes Bier. Dazwischen liegt harte Arbeit.

Die Kreation eines Bieres lässt sich am genussvollsten aus der Perspektive des handwerklichen Brauers betrachten. Sie beginnt mit der Wahl der Rohstoffe. Und gerade weil es sich um nur die vier Zutaten Malz, Wasser, Hopfen und Hefe handelt, ist die Rohstoffwahl ein entscheidender Faktor.

Malz – Körper des Bieres

Malz wächst nicht auf dem Feld. Malz lässt sich nicht ernten. Malz ist ein Produkt der Getreideveredelung, des Mälzens. Vom Feld geerntetes Getreide, Gerste wie Weizen gleichermaßen, wird mit Wasser

Farbenfroh und aromareich

Karge Böden ergeben gute Braugersten, und daraus entstehen gute Malze. Eine Erfahrung, die die Brauer seit Jahrzehnten machen. Die humusarmen, aber nährstoffreichen Böden geben der Braugerste das Fundament für ein aromatisches Malz. Die Kunst des Mälzers ist es, aus dem Naturprodukt Gerste, die jedes Jahr unter anderen Witterungsbedingungen aufwächst, für den Brauer ein Malz mit gleichbleibender Güte herzustellen. Für Pilsbiere ein Malz mit zurückhaltenden Aromanoten, damit der Hopfen im Bier sein Bukett entfalten kann; für würzige Bierstile gehaltvolle Malzsorten mit dunkleren Farben und Röstaromen, damit der gewünschte, wuchtige Malzkörper zur Geltung kommt. Diese Röstaromen entstehen auf der Malzdarre beim Trocknen der gekeimten Gerste. Ein Prozess, der Fingerspitzengefühl und die Erfahrung des Mälzers fordert. Seine Nase und seine Zunge müssen beim Beproben während des Röstens den gewünschten Malztyp erschmecken. Das ist jedes Mal eine Herausforderung, auch für den geübten Mälzer, aber auch eine berechtigte Forderung des Brauers. Da diese Würze- und Röstaromen sich leicht verflüchtigen, müssen die Malzsorten recht frisch in die Brauerei geliefert werden, um unverfälscht und in voller Fülle ins Bier zu gelangen und letztendlich beim Biertrinker anzukommen. Die Zusammenstellung der unterschiedlichen Aromatypen in seinen Rezepten ist Aufgabe des Brauers und ergibt die reichhaltige Biervielfalt.

Fritz Wurm
Mälzer in dritter Generation
Malzfabrik Wurm GmbH und Co. KG, Pappenheim

vermengt und einem kontrollierten Keimprozess unterzogen. Wertvolle Enzyme werden dabei freigesetzt und ein kleiner Keimling entsteht. Dies geschieht mit der gebotenen Ruhe in der Weiche und dem Keimkasten der Mälzerei. Schon die richtige Keimzeit beeinflusst die Qualität des Malzes und bedarf der Erfahrung des Mälzers. Das anschließende Darren des sogenannten Grünmalzes lässt sich mit dem Rösten von Kaffeebohnen vergleichen. Auch ist es Teil der Rezeptur, denn Rösttemperatur und Röstdauer beeinflussen die Farbe und Röstaromen des Malzes. Helles Malz wird meist bei 80 bis 85° Celsius, dunkles bei über 120° Celsius so lange gedarrt, bis die gewünschte Malzintensität erreicht ist. Sonderformen der Malzveredelung finden sich bei Rauchmalzen, Sauermalzen und Caramalzen, deren Einsatz bei seltenen, aber nicht minder spannenden Bierstilen unabdingbar ist. Ist das Malz erst aus der Gerste entstanden, unterscheidet es sich grundsätzlich von der Rohfrucht in Farbe, in der Komposition von Röst-, Rauch- und Sauearomen sowie in der Konsistenz. Dann ist das Malz süß, weich und bereit zum Schroten.

Schroten macht aus Malzkörnern Malzmehl. Selbst hier erkennt der Bierliebhaber Unterschiede im Mahlprozess. Man muss sich heute auf die Suche begeben, aber es gibt sie noch: alte Schrotverfahren, wie die aufwendige Spelzentrennung. Bei diesem Verfahren trennt der Brauer zunächst die Hülle des Malzkorns, die Spelze, vom Körper des Malzkornes, dem Grieß. Bei jedem Korn. So lange, bis nur der Mehlkörper geschrotet und gemahlen wird. Ziel der Spelzentrennung ist es, die Spelze erst spät dem Maischprozess zuzuführen, um so zu verhindern, dass spelzige und bittere Gerbstoffe der Kornhülle den Biergenuss beeinträchtigen. Allein dem Filetstück des Malzes, dem Grieß, bleibt es dann vorbehalten, den Maischprozess von Anfang durchleben zu dürfen.

Unten: *Aus einem solch breiten Farbspektrum können Braumeister auswählen, um die zum Bierstil passenden Farbnuancen kreieren zu können. Neben der Farbe spielt das jeweilige Aromaprofil bei der Auswahl des Malzes eine entscheidende Rolle.*

Hopfen – Seele des Bieres

Hopfen ist eine fantastische Pflanze. Sie gilt als Arzneimittelpflanze und als Wunder an Aromavielfalt. Hopfen verleiht dem Bier Charakter, bestimmt die Bittere und das vielschichtige Aroma. Hopfen beeinflusst die Schaumkrone. Und Hopfen hilft der Haltbarkeit. Dabei ist die richtige Hopfung eine Frage der Hopfenwahl, der Hopfenmenge und nicht zuletzt des richtigen Zeitpunkts der Hopfengabe. Letztendlich muss man den Hopfen als edles Gewürz verstehen. Nur wenige Gramm sind notwendig, doch deren Bedeutung ist enorm. Klassischerweise wird Hopfen in Bitter- und Aromahopfen eingeteilt. Während Bitterhopfen mehr Bitterstoffe mitbringen, weisen Aromahopfen mehr Potenzial im Bereich blumiger, fruchtiger Noten auf oder duften nach Kräutern. Doch die Trennlinie ist fließend und letztlich egal. Entscheidend ist, dass der Brauer die Technik der Hopfengabe beherrscht und seinem Bier einen eigenständigen Charakter verleiht. Aroma und Bittere müssen gekonnt verbunden und harmonisch in den Malzkörper integriert werden – eine große Kunst bei einer Auswahl von über 200 Hopfensorten!

Faszinierender Hopfen

Der Hopfen ist eine faszinierende Pflanze. Kannten die alten Griechen ihn hauptsächlich als Hopfenspargel, entdeckte die arabische Kultur ihn als Heilpflanze – während er im abendländischen Mittelalter hauptsächlich als Konservierungsmittel vor allem für Getränke gesehen wurde. Seit dem späten Mittelalter hat sich der Hopfen als bevorzugte Zutat, als Würze, für das Bier etabliert. Er lässt sich in der Brauerei höchst virtuos verwenden und kann so in vielerlei Hinsicht den Genuss des Bieres beeinflussen und unterstützen.

Beispielsweise durch eine angenehme und ausgewogene Bittere. Die Bittere im Bier wird maßgeblich vom Hopfen verursacht und unterstützt die Verträglichkeit des Bieres, komplementiert eine vorhandene Süße und Vollmundigkeit und macht in vielen Fällen ein Bier durch ein abgerundetes Hopfenaroma etwas »schlanker« und »trinkbarer«. Das Hopfenaroma im Bier kann, je nach Bierstil, von dezent bis sehr ausgeprägt sein. Das können subtile, würzige Noten in einem Pils sein bis hin zu einem reichhaltigen Fruchtbouquet, beispielweise in einem India Pale Ale. Jede Hopfensorte verfügt über ein einzigartiges Hopfenaroma, das, gekonnt verbraut, das Aroma des Bieres maßgeblich bestimmen kann.

Aufgrund des Hopfenaromas und der vielen antioxidativen Substanzen im Hopfen kann die Geschmacksstabilität des Bieres mit einem durchdachten Einsatz des Hopfens unterstützt werden. Es ist also dem Braumeister überlassen, welche Rolle er dem Hopfen im Bier beimisst. Wenn der Hopfen mengenmäßig den geringsten Teil des Bieres ausmacht, ist seine Ergiebigkeit in allen Facetten erstaunlich.

Dr. Christina Schönberger
Technical Manager
Hopfenverarbeiter Barth-Haas Group, Nürnberg

Hopfen wird heute weltweit angebaut. Das größte zusammenhängende Anbaugebiet befindet sich noch immer in der Hallertau in Bayern, grob gesagt zwischen München und Nürnberg. Aber Hopfen aus Nordamerika, Afrika und sogar China gewinnen an Bedeutung. Jede Hopfensorte steht für ein bestimmtes Potenzial an Bittere und vor allem für ein eigenes Spektrum an Aromen. Ist die passende Hopfenkomposition gefunden, stellt sich die Frage nach der Menge und dem richtigen Gabezeitpunkt.

Wird der Hopfen am Anfang des Würzekochens gegeben, binden sich viele Bitterstoffe im Bier, aber die Aromakomponente verflüchtigt sich. Je später die Hopfengabe, desto geringer die Ausbeute an Bitterstoffen, aber desto höher der Gehalt an verbleibenden Aromaölen. Wird die Technik des »Hopfenstopfens« angewandt und wird die Hopfengabe erst nach der Kochung beigeben, kann der Hopfen sein vollständiges Aroma entfalten. Ist der Brauer mit seiner Hopfengabe zufrieden, trennt er den Bruch, den Hopfentreber und Eiweißverbindungen von der Würze. Sobald die Würze abgekühlt ist, wartet eine weitere Wunderzutat auf ihren Einsatz: die Bierhefe.

Wasser – Basis flüssigen Genusses

Malzmehl allein lässt kein Bier entstehen. Es muss in der richtigen Schrotstärke mit Wasser vermischt, im Fachjargon gemaischt, werden. Zweck des Maischens besteht darin, möglichst viel und möglichst guten Extrakt zu bilden. Im Wasser lösliche Stoffe sind unter anderem Malzzucker, Mineralstoffe und bestimmte Eiweißstoffe. Stärke, Zellulose und hochmolekulare Eiweißstoffe sind unlöslich, werden aber durch Erhitzen bei unterschiedlichen Temperaturen gelöst. Durch eine geeignete Wasserwahl gelangen die Malzstoffe besser in Lösung und durch eine hohe Wassergüte gewinnt der Bierliebhaber zweierlei: Vertrauen in den und Raffinesse im Geschmack.

Die durch das Wasser und Malzmehl entstandene Maische wird langsam bis über 70 Grad Celsius erhitzt. Abhängig von der Rezeptur gönnt der Brauer der Maische gewisse Pausen bei konstanter Temperatur. Bei diesen Rasten werden unterschiedliche Enzyme aktiviert, die später deutliche Konsequenzen für das Aroma des Bieres haben. Insbesondere die phenolische Rast lässt sich oft an der Ausprägung der Gewürznelkennote vieler Weißbiere direkt nachvollziehen. Parallel wird die Stärke in Malzzucker verwandelt.

Wasser macht (spezielles) Bier

Für viele Brauer stellt das Malz oder der Hopfen die Seele des Bieres dar, andere schwören auf ganz bestimmte Hefevarietäten. Das Wasser hingegen wird häufig vernachlässigt, obwohl es mit mehr als 90 Prozent auch mengenmäßig der bedeutendste Rohstoff des Bieres ist.
Aufgrund der unterschiedlichen Bodenbeschaffenheit und des unterschiedlichen Entstehungsprozesses verfügt jedes Wasser über einen unverwechselbaren Geschmack und eine einzigartige Komposition wertvoller Mineralstoffe. Diese Mineralstoffe üben einen großen Einfluss auf die Qualität und den Charakter des daraus hergestellten Bieres aus. Die Eigenart vieler weltbekannter Biertypen ist, historisch gesehen, auf das jeweils verfügbare Wasser der Region zurückzuführen.
Das besonders mineralstoffarme und somit sehr weiche Wasser in Böhmen war Grundvoraussetzung für den Siegeszug des edelbitteren Pilsener Bieres mit seiner hellen Farbe und seinem angenehm hopfenaromatischen Flavour.
Aber auch mineralstoffreiche Wässer bieten für einige Biertypen optimale Voraussetzungen. So wurde das malzig-süße Münchner Dunkel schon immer mit einem sehr hydrogencarbonathaltigen Wasser gebraut, das goldgelbe Dortmunder Export mit seinem vollmundig-malzigen Körper wurde hingegen schon seit jeher mit Wasser hergestellt, das einen hohen Sulfatgehalt aufweist.
Im englischen Burton-upon-Trent konnte sich aufgrund der dortigen Wasserqualität ein ganz eigener Bierstil herausbilden. Der außerordentlich hohe Calciumsulfatgehalt des Brauwassers begünstigt die Extraktion der Hopfenharze und fördert dadurch die für ein Ale so typische Herbheit.
Einzigartig gutes Bier braucht – wie all diese Beispiele zeigen – einzigartig gutes, zum Bierstil passendes Wasser.

Dr. Peter Schropp
Ausbildungsleiter Wassersommeliers
Doemens Genussakademie, Gräfelfing

Jetzt muss die Maische von den festen Bestandteilen des Malzes getrennt werden. Dies geschieht beim Abläutern. Was für den Kaffeeliebhaber das Kaffeesieb und der Kaffeesatz, ist für den Braumeister sein Läutersieb und der Läuterkuchen, der aus den zur Ruhe und an den Boden gesunkenen festen Malzteilchen und Spelzen besteht. Selbst bei der aufwendigen Spelzentrennung werden die Spelzen, wie das Kaffeepulver, wieder hinzugegeben, um als natürliche Filterschicht zu fungieren.

Was gewonnen wird, nennt man Würze, was zurückbleibt, Treber. Für die Bierherstellung wird nur Würze verwendet. Der Treber selbst ist hervorragend zum Brotbacken oder als natürliches Tierfutter geeignet und wird gerne für die biologische Landwirtschaft verwendet.

Jetzt wird gekocht – die heißeste Phase im Sudhaus. Bier galt nicht zuletzt aufgrund des Kochens schon früh als gesundes Nahrungsmittel. Kochen kommt einer Sterilisation gleich. Das Bier wird frei von Hefen und Bakterien; Eiweiß-Gerbstoff-Verbindungen werden ausgeschieden. Sogar auf die Farbe und das Aroma hat der Kochprozess Einfluss. Ungewünschte Aromen werden ausgedampft, die Farbkomponenten des Malzes gehen in die Würze über. Es wird so lange gekocht und Wasser aus der Würze verdampft, bis der richtige Dichtegrad, auch Stammwürze genannt, erreicht ist. Hobbyköche können sich an das Reduzieren von Saucen erinnert fühlen, was eine zulässige, wenn auch vereinfachende Analogie ist. Dennoch gilt: je höher die Stammwürze, desto kräftiger das Bier. Auch hier bedarf es eines erfahrenen Brauers, der die Kochung zum richtigen Zeitpunkt beendet und langsam die Kühlphase beginnen lässt. Allerdings nicht, ohne vorher die Hopfengabe eingeleitet zu haben.

Unten: *Feststehende Regel unter Brauern: Brauwasser ist stets Trinkwasser, aber Trinkwasser ist nicht immer als Brauwasser geeignet.*

Wasser ist nicht gleich Wasser

Es gibt unterschiedlichste Kategorien: von Leitungswasser über Tafel- und Heilwasser bis zum natürlichen Mineralwasser. Leitungswasser kann als Brauwasser aufbereitet werden, das heißt aus Grund- und Oberflächenwasser aus Flüssen und Seen. Bei der Aufbereitung sind auch chemische Zusatzstoffe zugelassen, die allerdings strengen Bestimmungen unterliegen.

Tafelwasser als Brauwasser muss, anders als Mineralwasser, nicht direkt am Quellort abgefüllt werden, aber es ist nur die Zugabe von Natursole sowie bestimmter Mineralsalze zulässig. Heilwasser findet nur selten als Brauwasser Verwendung. Es stammt – wie natürliches Mineralwasser – aus vor Verunreinigungen geschützten, also ursprünglichen Wasservorkommen und gehört zu den klassischen Naturheilmitteln. Die Wirksamkeit eines Heilwassers wird durch wissenschaftliche Gutachten nachgewiesen. Natürliches Mineralwasser ist ein gesetzlich geschützter Begriff und damit das einzige deutsche Lebensmittel, das einer staatlichen Anerkennung bedarf. Natürliches Mineralwasser muss direkt am Quellort abgefüllt sein und garantiert ursprüngliche Reinheit, auch als Brauwasser.

Hefe – Geheimnis des Bieres

Die Hefe ist für vieles verantwortlich. Vor allem verdanken wir ihr das Wunder der alkoholischen Gärung. Sie verwandelt Malzzucker in Alkohol, Wärmeenergie und Kohlensäure. Dazu braucht Hefe ein wertvolles Gut: Zeit. Nur eine behutsam und langsam durchgeführte Gärung und anschließende Lagerung stellt ein reines Aroma sicher. Denn auch die Gärungsnebenprodukte bestimmen die Raffinesse eines Bieres. Dafür ist der Stoffwechsel der Hefe verantwortlich. Deshalb achtet der Brauer darauf, dass die Hefe sich wohlfühlt. Dass Hefe lebt, ist eine Tatsache, mit der nicht nur jede Köchin und jeder Koch vertraut ist.

Zwei Hefephilosophien finden in der Brauwelt Anwendung. Während die meisten Nationen mit Kulturhefen brauen, also Hefen kontrolliert aus einer Hefezelle züchten, wird anderorts – vor allem in Belgien – mit wilden und unkontrollierten Hefen in der Luft vergoren. »Spontane Gärung« in der Sprache der Brauer. Spontan vergorene Biere werden aufgrund ihres sauren Charakters meist weiterverarbeitet, sei es über eine zweite Gärung oder die Zugabe von Früchten.

Bei den Kulturhefen werden zwei Hefegattungen eingesetzt: ober- und untergärige Hefen. Untergärige Hefen arbeiten bei tiefen Temperaturen optimal, obergärige Hefen fühlen sich erst bei höheren Temperaturen richtig wohl. Auch im Ernteverfahren, also in der Rückgewinnung der Hefe, unterscheiden

Rechts: *Die obergärige Hefe wird vom Brauer sorgfältig von Hand abgeschöpft.*

sich die beiden Gattungen. Untergärige Hefen sinken an den Boden ihres Gärtanks und werden unten geerntet, obergärige Hefen steigen auf und bilden beeindruckende Hefedecken, die abgeschöpft werden. Untergärige Hefen finden tendenziell bei schlankeren Bieren Verwendung, obergärige Hefen dominieren die fruchtigeren Bierstile.

Der Hauptgärungsprozess dauert mehrere Tage. Das entstandene Jungbier wird nach der weit gehenden Entfernung der Hefe dem mehrere Wochen dauernden Reifeprozess übergeben. Das Bier klärt sich und sein finaler Geschmack bildet sich. Entstehende Kohlensäure bindet sich im Bier und bestimmt den Charakter seiner Rezenz (Spritzigkeit) und Perlage (Entweichen von Kohlendioxidbläschen).

Das Bier kann nun – ob filtriert oder nicht – seiner Bestimmung übergeben werden. Zur Freude aller Bierliebhaber ist eines der beliebtesten und ältesten Getränke der Welt entstanden. Doch man darf weiter gespannt sein. Die Hefe ist nicht nur das Geheimnis guten Bieres. Hefen sind ein gehüteter Schatz des jeweiligen Brauers. Gute Hefen sind gesucht. Heute mehr denn je. Bierexperten wissen um das enorme Potenzial, das in den Hefebanken der Brauereien schlummert. So wird es auch in Zukunft neue spannende Biere geben, die für die Leidenschaft, die Hingabe und das Wissen ihrer Braumeister stehen. So verdient jedes Bier die Wertschätzung seines Genießers.

Ohne Hefe kein Bier, mit Hefe eine wunderbare Aromenvielfalt

Wie das sprichwörtliche »Salz in der Suppe« einem Gericht die nötige Würzigkeit verleiht, so macht erst die Hefe aus Bierwürze das Bier mit seiner einzigartigen Aromenvielfalt. Während des Gärprozesses verstoffwechselt die Bierhefe die Ausgangsstoffe der Bierwürze in die sogenannten Hauptprodukte und Nebenprodukte der Gärung. Dazu gehören die sogenannten Jungbukettstoffe und die Bukettstoffe, die dem Bier das typische Aroma verleihen. So vielfältig die natürliche Bandbreite an Hefestämmen ist, so vielfältig gestalten sich auch die Bukettstoffe und Aromaprofile der unterschiedlichen Biertypen.
Die Geschmacks- und Geruchsunterschiede von zum Beispiel Weizenbieren, untergärigen, hellen Biertypen und Kölschbieren werden maßgeblich durch die unterschiedlichen Hefestämme geprägt. Die wunderbare Vielfalt der Natur ist dabei unbegrenzt: Bisher sind erst etwa 800 von geschätzten 690.000 Hefearten bekannt. Es gibt also noch viel Potenzial, um unterschiedliche Hefestämme und Gärungen zu entdecken und beim Bierherstellungsprozess einzusetzen. Innovative Brauer können durch Variation der unterschiedlichsten Hefestämme besondere Biertypen gestalten. Dieser natürliche Facettenreichtum begeistert Bierkenner und Bierliebhaber und wird auch in Zukunft zu zahlreichen Genussmomenten führen. Ganz einfach naturgegeben, aber keinesfalls simpel, erfüllen Hefen im Brauprozess Pflicht und Kür, lassen Bier entstehen und erfüllen es mit Aroma.

Dr.-Ing. Mathias Hutzler
Leiter Hefezentrum und Mikrobiologie
Forschungszentrum Weihenstephan für Brau- und Lebensmittelqualität der Technischen Universität München

GANTER
FIEGE
KAUZEN
KIRNER
BLOND
BLACK
Rosen
Gaffel
Zwettler

Welt der deutschen Biere

Genuss braucht Vielfalt.
Vielfalt braucht Genießer.

Typisch deutsch!

Das Land feinster Braukunst, vom Pils bis zum Rauchbier, vom Zwickl bis zum Eisbock: Deutschland. Laut Angaben des Verbandes der Privaten Brauereien e. V. gibt es in Deutschland mehr als 1.300 Brauereien, wobei sich etwa 90 Prozent als Privatbrauereien im Besitz einer Inhaberfamilie oder anderer nicht konzerngebundener Leitungen befinden.

Die Schlanken

Taucht man in die spannende Welt der Bierspezialitäten ein, dann begeben sich Bierkenner und Bierliebhaber auf die Suche nach wuchtigen, charakterstarken, ausgeprägten Bieren und könnten schnell die deutschen Klassiker vergessen. Die Eleganten, die Meistgetrunkenen, die Geselligen, die Stillen – eben die Schlanken. Und das wäre unverzeihlich, da schlanke Bierstile wie ein Pils, ein Helles oder ein Lager ideale Begleiter von Speisen sind und mit einer ihnen eigenen Alltagstauglichkeit im Grunde immer eine Empfehlung wert sind.

Nach wie vor an der Spitze der Beliebtheitsskala der Deutschen steht das schlanke, elegante und erfrischende Pils. Es ist ursprünglich ein norddeutscher Bierstil, der jedoch auch in Süddeutschland mehr und mehr Anhänger findet. Mittlerweise haben einige bayerische Brauereien Pilsbiere im Sortiment, die ein tolles Geschmackserlebnis bieten und entsprechende Auszeichnungen erhalten haben.

Was im Norden das Pils ist, ist in Bayern das Helle und in Baden-Württemberg das Export. Bei letzterem handelt es sich vom Stil her, vereinfacht gesagt, um ein etwas stärker eingebrautes Helles. Es hat seinen Namen von der Bestimmung, für die es gebraut wurde, erhalten: Es war für den Export gedacht und sollte mit dem höheren Alkoholgehalt einen längeren Transportweg geschmacklich unbeschadet überstehen.

Besonders hervorheben sollte man die alkoholfreien Biere, die sich wachsender Beliebtheit erfreuen und eine perfekte Alternative zu anderen alkoholfreien Getränken darstellen. Besonders das alkoholfreie Weizenbier, oder Weißbier in Bayern, steigt im Volumen. Laut Gesetz darf ein als alkoholfrei ausgezeichnetes Bier noch maximal 0,5 Vol.-% Alkohol verbuchen. Grundsätzlich kann (fast) jeder Bierstil alkoholfrei hergestellt werden. Sie finden im Handel aber in der Regel alkoholfreie Helle, Weizenbiere oder Pils vor. Die Brauer kennen mehrere Möglichkeiten, diese herzustellen.

Biersorte (Gattung)	Alkoholfrei (obergäriges und untergäriges Schankbier)
Glas	 
Farbe	sehr helles Gelb bis bernsteinfarben
Trinktemperatur [in °C]	6
Stammwürze/ Alkoholgehalt [in Vol.-%]	< 0,5
Aroma/Geschmack	mild, malzbetont mit fruchtiger Note
Schaum	sortenspezifisch
Mundgefühl	frisch
Brennwert [in kcal/100 ml]	25

Biersorte (Gattung)	Dunkles/Lager (untergäriges Vollbier)
Glas	
Farbe	mittel- bis dunkelbraun
Trinktemperatur [in °C]	8
Stammwürze/ Alkoholgehalt [in Vol.-%]	4,0 – 5,5
Aroma/Geschmack	kräftig malzbetont mit kaffeeähnlichen Röstnoten, Karamell- und Schokoladenaroma, mit leicht würzig-trockenem Abgang, runder, leicht süßlicher Geschmack
Schaum	dicht, feinporig
Mundgefühl	vollmundig
Brennwert [in kcal/100 ml]	37

Biersorte (Gattung)	Helles/Lager (untergäriges Vollbier)
Glas	
Farbe	stroh- bis goldfarben, glanzklar
Trinktemperatur [in °C]	7
Stammwürze/ Alkoholgehalt [in Vol.-%]	4,6 – 5,1
Aroma/Geschmack	ausbalancierter Hopfen-Malz-Eindruck, verhaltene Süße
Schaum	feinporig, dicht
Mundgefühl	angenehm weich
Brennwert [in kcal/100 ml]	43

Biersorte (Gattung)	Leichtbier (untergäriges oder obergäriges Schankbier)
Glas	
Farbe	hell bis bernsteinfarben
Trinktemperatur [in °C]	6
Stammwürze/ Alkoholgehalt [in Vol.-%]	2,5 – 3,6
Aroma/Geschmack	schlank, sortenspezifisches Verhältnis zwischen hopfig und malzig
Schaum	sortenspezifisch, jedoch federleicht
Mundgefühl	spritzig, schlank
Brennwert [in kcal/100 ml]	27

Biersorte (Gattung)	Pils (untergäriges Vollbier)
Glas	
Farbe	zartes, frisches, helles Gelb bis hin zu einem leuchtenden Goldgelb, glanzklar
Trinktemperatur [in °C]	7
Stammwürze/ Alkoholgehalt [in Vol.-%]	4,0 – 5,0
Aroma/Geschmack	ausgeprägte, feinherbe Hopfenbittere, schlank
Schaum	feinsahnig mit hoher Stabilität
Mundgefühl	prickelnd, frisch
Brennwert [in kcal/100 ml]	42

Die Vollmundigen

Die Vollmundigen sind Biere, die sich im Körper mit mehr Wucht zu erkennen geben und durch ihren etwas höheren Alkoholgehalt einen gewissen erwärmenden Effekt beim Genuss erzielen. Jeder Schluck stellt bei diesen Bierstilen in der Regel vom Antrunk bis zum Abgang eine harmonische Balance aus milden Hopfenaromen und einer intensiven Malzsüße dar. Das Mundgefühl ist angenehm weich und rund. Alle Vollmundigen sind perfekte Begleiter würziger, herzhaften Speisen, denen sie mit ihrem Aromaprofil ein geschmackliches Gegengewicht bieten. Sie werden oftmals als Festbiere zu besonderen Anlässen, wie Kirchweih oder zu Volksfesten, eingebraut werden und sind daher nur in einer bestimmten Saison im Jahresverlauf erhältlich.

Biersorte (Gattung)	**Export (untergäriges Vollbier)**
Glas	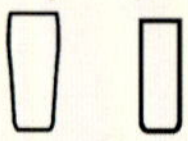
Farbe	goldgelb bis bernsteinfarben
Trinktemperatur [in °C]	7
Stammwürze/ Alkoholgehalt [in Vol.-%]	5,0 – 6,0
Aroma/Geschmack	leicht süßer Malzcharakter, mit rundem Körper
Schaum	feinporig, kompakt
Mundgefühl	angenehm rund und weich
Brennwert [in kcal/100 ml]	47

Biersorte (Gattung)	**Märzen (untergäriges Vollbier)**
Glas	
Farbe	messing- bis bernsteinfarben
Trinktemperatur [in °C]	7
Stammwürze/ Alkoholgehalt [in Vol.-%]	5,0 – 6,2
Aroma/Geschmack	reine, leicht süßliche Malznote mit brotigen Tönen
Schaum	stabil
Mundgefühl	kräftig, samtig, vollmundig
Brennwert [in kcal/100 ml]	50

Märzen beim Münchner Oktoberfest

Der Sommer 1972 war außergewöhnlich heiß. Die Münchener löschten ihren Durst mit so viel Bier, dass es dem Oktoberfestwirt Michael Schottenhamel ausging. Ein Wirt ohne Bier? Unvorstellbar! Nun aber schon das Winterbier auszuschenken, kam für Schottenhamel nicht in Frage. Er fragte seinen Brauer, den Besitzer der Franziskanerbrauerei, Joseph Sedlmayr um Rat, der ihm das Märzenbier, das sein Sohn Gabriel braute, anbot. Als die Polizei vom geplanten Bieraustausch erfuhr, befürchtete sie einen Bieraufstand, denn das Märzen war deutlich teurer als das übliche Bier. Schottenhamel übernahm die volle Verantwortung und schenkte daraufhin zum ersten Mal das helle Märzen auf dem Oktoberfest aus. Es wurde das beliebteste Bier des Festes.

Biersorte (Gattung)	**Festbier (untergäriges Vollbier)**
Glas	
Farbe	gold- bis messingfarben, mit kupfernen Farbeffekten
Trinktemperatur [in °C]	7
Stammwürze/ Alkoholgehalt [in Vol.-%]	5,0 – 6,2
Aroma/Geschmack	reine, leicht süßliche Malznote dominiert vor einer reinen Hopfenbittere
Schaum	kompakt
Mundgefühl	mittel bis sehr kräftig, samtig, vollmundig
Brennwert [in kcal/100 ml]	47

Die Starken

Die Bezeichnung »Bockbier« bekommt ein Bier dann, wenn es über einen höheren Alkoholgehalt verfügt. Manch einer bezeichnet sie als »Meisterstücke der Braumeister«. Sie werden traditionell, je nach Landstrich und Brauerei, im Herbst oder zum Ende des Winters eingebraut und meist mit einem Starkbieranstich auf den Markt gebracht. Bei einigen Brauereien kann man Bockbiere auch ganzjährig erhalten. Es gibt sie in verschiedenen Farbnuancen, als Bock oder Doppelbock und sogar als Weizenbock. Sie zeichnen sich durch einen kräftigen, vollmundigen, runden Körper aus, sind reichhaltig und verfügen meist über eine elegante Restsüße. Neben Honignoten lassen sich oftmals verschiedene Trockenfruchtaromen und Röstnoten erkennen.

Biersorte (Gattung)	**Bock hell/dunkel (untergäriges Starkbier)**
Glas	
Farbe	bernsteinfarben bis hellbraun, mittel- bis dunkelbraun
Trinktemperatur [in °C]	9
Stammwürze/ Alkoholgehalt [in Vol.-%]	6,0 – 8,0
Aroma/Geschmack	kräftiger, malzaromatischer Körper, dezente Hopfennote, leichte Röstnote, Dörrobst und Brottöne
Schaum	Feinporig, kompakt
Mundgefühl	sehr vollmundig und weich
Brennwert [in kcal/100 ml]	60

Biersorte (Gattung)	**Weizenbock hell/dunkel (obergäriges Starkbier)**
Glas	 oder 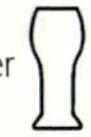
Farbe	hell- bis dunkelbraun
Trinktemperatur [in °C]	9
Stammwürze/ Alkoholgehalt [in Vol.-%]	6,9 – 9,0
Aroma/Geschmack	fruchtaromatisch, körperreich; Hell: leichte Note von kandiertem Apfel und Banane Dunkel: würzig-schokoladig
Schaum	feinporig
Mundgefühl	vollmundig
Brennwert [in kcal/100 ml]	65

Biersorte (Gattung)	**Doppelbock (untergäriges Vollbier)**
Glas	
Farbe	gold- bis hellbernsteinfarben/ dunkelbraun
Trinktemperatur [in °C]	9
Stammwürze/ Alkoholgehalt [in Vol.-%]	7,0 – 8,5
Aroma/Geschmack	dominant malzaromatisch mit süßer Note Hell: dezentes Karamell- und Sherryaroma Dunkel: leichte Schokoladen-Röstnote
Schaum	dicht
Mundgefühl	vollmundig bis wuchtig
Brennwert [in kcal/100 ml]	69

Bayerische Brauordnung

Um in den heißen Sommermonaten die Gefahr von Feuersbrünsten in den Brauereien, ausgehend von den befeuerten Braukesseln, zu reduzieren, wurde in der bayerischen Brauordnung von 1539 und per Dekret durch Albrecht V. im Jahr 1553 festgeschrieben, dass nur in der Zeit vom 29. September, dem Feiertag des heiligen Michael, bis zum 23. April, dem Feiertag des heiligen Georg, Bier gebraut werden durfte. Und das letzte Bier vor Sommerbeginn erhielt aufgrund des Monats, in dem es oftmals schon gebraut wurde, die Bezeichnung Märzen. Diese letzten Sude wurden stärker eingebraut als die sogenannten Winterbiere. Daher erkennt man ein Märzen an seinem kernigen Körper, seinem malzigen Bukett und dem höheren Alkoholgehalt.

Bockiges aus Einbeck

Warum heißt das Starkbier aus Deutschland »Bock« oder »Doppelbock«? Die Wiege dieses Bierstils liegt im Norden, in der ehemaligen Hansestadt Einbeck in Niedersachsen, grob gesagt zwischen Braunschweig, Osnabrück und Kassel. Mit der Vergabe des Stadtrechtes im Jahre 1240 durch die Söhne Heinrich des Löwen war ein Braurecht für Bürger verbunden. Das kräftige, malzige Bier aus Einbeck erfreute sich sehr schnell großer Beliebtheit auch außerhalb der Stadtgrenzen und wurde über weite Strecken, unter anderem bis nach Italien, exportiert. Um die für den Export nötige Haltbarkeit zu erreichen, braute man es mit einem ungewöhnlich hohen Stammwürzegehalt ein und erhielt ein alkoholreiches, aber sehr geschmackvolles, starkes Bier aus Einbeck. Daraus wurde sprachgeschichtlich über die Jahre über »Ainpökisches Bier«, »Ainpöck«, das »Bockbier«. Es besteht daher keine Verbindung zum Tier, das sich jedoch in vielen Bockbier-Etiketten gerne zeigt.

Auch der herzögliche Hof der Wittelsbacher in München ließ sich seit 1555 aus Einbeck beliefern. Der Bierimport aus dem Norden war für Bayern über die weite Strecke natürlich kein billiger Spaß, weshalb die Münchner beschlossen, am Platz'l das »Braune Hofbräuhaus« zu betreiben, das war 1591. Mithilfe eines abgeworbenen Braumeisters aus Einbeck bekam man dann die notwendige Bierqualität hin. Das Wort »Starkbier«, das heute in Bayern für die Bezeichnung der fünften Jahreszeit, die Starkbierzeit herangezogen wird, ist wesentlich jünger und wird erst seit dem 20. Jahrhundert verwendet.

Die Fruchtigen

Weizenbier (oder Weißbier) muss neben Gerste mit mehr als 50 Prozent Weizenmalz gebraut werden. Die obergärigen Hefen sowie die höheren Gärtemperaturen lassen Biere entstehen, die sich durch eine ausgeprägte Fruchtigkeit oder Gewürznote auszeichnen. Sie schmecken nach reifen Früchten wie Bananen oder tendieren in die kräuterartige Richtung nach Rosmarin oder frischem Gras. Sie sind sehr spritzig, also rezent, durch die enthaltende Kohlensäure und prickeln angenehm auf der Zunge, sind daher sehr erfrischend.

Biersorte (Gattung)	**Hefeweizen hell (obergäriges Vollbier)**
Glas	 oder 
Farbe	hellgelb bis honigfarben
Trinktemperatur [in °C]	7
Stammwürze/ Alkoholgehalt [in Vol.-%]	4,6 – 5,9
Aroma/Geschmack	spritzig, leicht fruchtig
Schaum	feinporig, voluminös, kompakt
Mundgefühl	frisch
Brennwert [in kcal/100 ml]	47

Biersorte (Gattung)	**Kristallweizen (obergäriges Vollbier)**
Glas	 oder 
Farbe	helles bis kräftiges Gelb, glanzfein
Trinktemperatur [in °C]	7
Stammwürze/ Alkoholgehalt [in Vol.-%]	4,6 – 5,9
Aroma/Geschmack	spritzig, leicht fruchtig
Schaum	feinporig, voluminös, kompakt
Mundgefühl	frisch
Brennwert [in kcal/100 ml]	47

Die Seltenen

Eine Kategorie an Bierstilen, die es nur in bestimmten Regionen gibt, deren Name eine Art Gebietsschutz aufweist, wie etwa das Kölsch, oder die vom Aussterben bedroht sind, wie vielleicht das Alt. Bierstile, für die man Zeit braucht..

Biersorte (Gattung)	Kellerbier/Zwickelbier/Kräusenbier (untergäriges Vollbier)
Glas	
Farbe	hellgelb, bernsteinfarben oder dunkel trüb
Trinktemperatur [in °C]	7
Stammwürze/ Alkoholgehalt [in Vol.-%]	4,5 – 5,5
Aroma/Geschmack	ausgeprägtes Malzaroma mit Hopfennote
Schaum	voluminös, kompakt
Mundgefühl	sortenspezifisch
Brennwert [in kcal/100 ml]	45

Biersorte (Gattung)	Schwarzbier (untergäriges Vollbier)
Glas	
Farbe	dunkelbraun bis fast schwarz, meist blickdicht
Trinktemperatur [in °C]	7
Stammwürze/ Alkoholgehalt [in Vol.-%]	3,8 – 5,5
Aroma/Geschmack	leicht malz- und röstaromatisch, verhalten hopfenbitter, Schokoladen- und Kaffeenote
Schaum	beige, feinporig, cremig
Mundgefühl	trocken, vollmundig
Brennwert [in kcal/100 ml]	42

Biersorte (Gattung)	Kölsch (obergäriges Vollbier)
Glas	
Farbe	hellgelb
Trinktemperatur [in °C]	7
Stammwürze/ Alkoholgehalt [in Vol.-%]	4,8 – 5,2
Aroma/Geschmack	hopfenbetont, leicht fruchtig
Schaum	feinporig, schnell flüchtig
Mundgefühl	geschmeidig, trocken
Brennwert [in kcal/100 ml]	41

Biersorte (Gattung)	Alt (obergäriges Vollbier)
Glas	
Farbe	kupferfarben bis braun
Trinktemperatur [in °C]	6
Stammwürze/ Alkoholgehalt [in Vol.-%]	4,8 – 5,2
Aroma/Geschmack	hopfenherb und malzbetont mit leichter Röstaromatik
Schaum	feinporig, schnell flüchtig
Mundgefühl	frisch, vollmundig
Brennwert [in kcal/100 ml]	43

Biersorte (Gattung)	Eisbock (ober- oder untergäriges Vollbier)
Glas	
Farbe	kupferfarben bis fast schwarz
Trinktemperatur [in °C]	10 – 12
Stammwürze/ Alkoholgehalt [in Vol.-%]	> 9
Aroma/Geschmack	milder, malz- und alkoholaromatischer Körper, sortenspezifisch würzig
Schaum	feinporig kompakt
Mundgefühl	ölig, weich
Brennwert [in kcal/100 ml]	70

Biersorte (Gattung)	Rauchbier (untergäriges Vollbier)
Glas	
Farbe	bernsteinfarben bis dunkel
Stammwürze/ Alkoholgehalt [in Vol.-%]	4,5 – 6,3
Aroma/Geschmack	deutliche Raucharomen, Röstnoten
Schaum	sortenspezifisch
Mundgefühl	würzig, adstringierend
Brennwert [in kcal/100 ml]	47

Pyraser
Herzblut
Unser Herzblut fließt in Braukunst
MPERIAL PALE ALE
PYRASER HERZBLUT

Perfekte Kombination

Bier trifft auf Lebensmittel

Richtig ist, was Genuss bereitet

Über Geschmack lässt sich bekanntlich nicht streiten. Was bei der Entdeckung von Geschmacksprofilen einzelner Bierspezialitäten richtig ist, gilt natürlich auch bei der Auswahl des passenden Bieres zur Speise und der Bierbegleitung zum mehrgängigen Menu. Verlassen Sie sich bei allen Tipps und Empfehlungen bitte nach wie vor auf Ihr natürliches Gespür und Ihre persönlichen Vorlieben und die Ihrer Gäste.

Dennoch gibt es die eine oder andere Grundregel, die Ihnen, zumindest zu Beginn, eine Hilfestellung sein wird, um sich in das fesselnde Gebiet des »Food-Pairings« vorzutasten. Unter dieser Bezeichnung verstehen Biersommeliers in aller Welt die ideale Verbindung bestimmter Bierstile mit passenden Gerichten. So schwören Engländer und Iren auf die Kombination der Bierstile Porter und Stout (der bekannteste Vertreter dieser Kategorie ist das Guinness) mit Austern. Um 1850 war das Porter, das im Grunde die günstige Arbeitervariante des blickdichten, schwarzen Stouts darstellt, ein Alltagsbier und floss in den Pubs der Hafenstädte reichlich aus den Zapfhähnen. Auch Austern waren damals weniger ein Luxusgut, sondern wurden in großen Mengen verspeist. Beides zusammen also ein großartiger und günstiger Imbiss für Hafenarbeiter.

»Wer Bier wirklich genießen will, sollte dies unbedingt ›multisensual‹ tun.«
Karl Schiffner, erster Weltmeister der Biersommeliers

Das ist nur ein Beispiel einer bekannten, traditionell gewachsenen Kombination von Bier und Speise. Durch die vielen internationalen Biere, die man mittlerweile hierzulande in Spezialshops neben deutschen Bieren erwerben kann, und die Einflüsse der Küchen dieser Welt bietet sich Ihnen eine unendliche Vielfalt an Varianten und Kombinationen an.

Hierbei gilt es zu beachten, dass bestimmte Aromen und Geschmacksrichtungen besonders exzellent harmonieren und sich gegenseitig in einer geschmacklichen Balance halten, andere jedoch eine Disharmonie auf der Zunge verursachen. Die nachfolgende Tabelle zeigt einen ersten Überblick, wie Sie von der Hauptkomponente des Bieres auf die zu kombinierende Speise schließen können, also eine erste Vorauswahl treffen können.

	Süß	Bitter	Salzig	Sauer
Süß	Dies kann eine perfekte Allianz werden. Jedoch ist hier eine Obergrenze auszuloten. Zu viel Süße auf beiden Seiten kann schnell zu einer Überforderung der Geschmacksknospen führen und extrem süße Desserts können ein Bier fast sauer wirken lassen.			
Bitter	Wenn Sie einen fruchtigen Bierstil auswählen, der eine gewisse Süße im Aromaprofil aufweist, dann kann in der Kombination mit einer Speise deren Bitterkeit angenehm abgemildert werden.	Finger weg von dieser Kombination, da es schnell zu einer unschönen Disharmonie kommen kann.		
Salzig	Salzige, deftig-würzige Speisen werden durch ein mildes, malzbetontes Bier im Geschmacksprofil ausgezeichnet unterstützt. Das ist im Grunde die klassische Kombination aller deutschen Braten mit einem gehaltvollen Hellen: der bekannte Schweinebraten mit einem Festbier, Märzen oder Export.	Diese Verbindung kann nur dann funktionieren, wenn beide Geschmacksrichtungen nicht zu dominant vorhanden sind. Die beliebten, salzigen Erdnüsse zu einem Pils führen lediglich zu einem größeren Durst und einem unangenehm pelzigen Gefühl auf der Zunge, während ein junger Bergkäse ein tolles Erlebnis sein kann.	Das ist eine Kombination, die nicht möglich ist, da es keine salzigen Biere gibt.	
Sauer	Das kann sehr gut gehen, muss aber nicht. Bei diesen beiden Geschmacksrichtungen muss vorsichtig justiert werden. Marinierte Garnelen, ein mediterranes Gemüsegerichte oder leicht säuerliche Salate passen zu einem Bier mit kräftiger Malzsüße oder einem Weizenbier.	Auch hier ist ein wirklich vorsichtiges Herantasten wichtig. Funktionieren kann ein Sauermilchkäse mit einem schlanken Pils, hingegen wird ein bitteres IPA (India Pale Ale) zu einem Handkäse mit Musik (Harzer in Essig eingelegt) eher keinen Genuss darstellen. Grundsätzlich ist dies eine Kombination, bei der ein harmonisches Paar eher die Ausnahme als die Regel darstellt	Schwierig, aber nicht ganz unmöglich. Mit sauer vergorenen Bieren, die wir in erster Linie aus Belgien kennen und die nun als Trend in den USA aufkeimen, sind durchaus Käsevariationen denkbar.	Ist eine mögliche Option. Beispielsweise zeigt ein klassisches Weizenbier neben einer leichten Säure im Abgang in erster Linie eine runde, schöne Süße. Oder ein malzbetontes, helles Festbier kann eine leichte Zitrus- oder Grapefruittendenz neben dem wuchtigen Malzkörper bieten. Daher könnte eine Frischkäsevariation oder eine Antipastiplatte zu einem Weizenbier gereicht werden.

Ankerpunkt Bier oder Speise?

Unten: *Entscheiden Sie: Steht das Bier oder die Speise im Mittelpunkt des Menüs?*

Nachdem Ihnen die Tabelle eine erste Orientierung gegeben hat, stellt sich die Frage, ob man bei der Planung eines Menüs mit Bierbegleitung von dem Bier oder der Speise als Ausgangspunkt ausgehen soll. Diese Entscheidung muss natürlich immer im Kontext gesehen werden, in dem das Biermenü genossen werden soll. Grundsätzlich raten wir, das Bier bei der Wahl in den Mittelpunkt zu stellen und die passenden Speisen in einem zweiten Schritt auszusuchen. Besondere Bierspezialitäten sind nicht immer einfach zu bekommen und haben es dann verdient, einen optimalen Begleiter zu bekommen.

Jedoch wird auch anders herum ein passender Schuh daraus, wenn Sie gebeten werden, zu einer feststehenden Speisenfolge geeignete Biere mitzubringen.

Orientierungshilfen

Nachdem Ihnen die Tabelle eine erste Orientierung gegeben hat, können Sie mit den nachfolgenden Grundsätzen in die weitere Planung gehen.

Erste Grundregel: »Gleich und gleich gesellt sich gern«
Ähnliche Geschmacksrichtungen von Speise und Bier können einander harmonische Stützen sein:
– süß zu süß
– fruchtig zu fruchtig
– zart zu zart
– rauchig zu Geräuchertem

Denken Sie immer daran, dass ein zartes Gericht, wie beispielsweise ein leichter Sommersalat oder eine Gemüsespeise, durch ein wuchtiges Bier mit ausgeprägtem Charakter im wahrsten Sinne des Wortes geschmacklich »platt« gewälzt werden wird. Ein gedünsteter Fisch mit einem dunklen Bock wäre eine solch ungünstige Kombination, bei der kein Element mehr einen Genuss darstellt. Eine geräucherte Forelle mit einem milden Rauchbier jedoch ist ein apartes Erlebnis.

Zweite Grundregel: »Gegensatze ziehen sich an«
Wenn die Speise oder das Bier sehr dominant ist, dann sollte man den Star auf dem Teller oder im Glas auch glänzen lassen. Mit einem ebenso herausragenden Geschmack zu kontern überfrachtet die Geschmacksnerven. Zu einem dunklen Weizenbier passt eine geräucherte Dorade, zu einem Serrano-Schinken an Feldsalat ein leichtes oder alkoholfreies Weizenbier.

Dritte Grundregel: »Zu zweit geht's besser«
Wenn sich Bier und Speise gegenseitig noch besser machen – nicht ergänzen, sondern sich anspornen – dann ist das ein ganz besonderes Geschmackserlebnis. Eine deftige Schweinshaxe wird mit einem Märzen zum wirklichen Festessen. Freilich: Danach ist an Arbeit nicht zu denken. Will man aber nach diesem Genuss auch nicht.

Vierte Grundregel: »Abrunden«
Gewürze wie Chili oder Cayennepfeffer sind eine Herausforderung für die feinjustierten, westlichen Geschmacksnerven. Ein milderndes Bier nimmt der Schärfe die Spitze, ohne den Geschmack zu überdecken; das Aroma kommt besser zu Geltung. Das gilt auch für üppige Gerichte, die viel Fett oder Zucker enthalten. Sie werden in Kombination mit dem passenden Bier bekömmlicher. Ein indisches Curry mit einem fruchtigen Weizenbier ist ein spannendes Beispiel hierfür.

Variantenreich: Bier und Käse

Ein besonderes Augenmerk möchten wir auf die Kombination von Bier mit Käse richten. Karl Schiffner, erster Weltmeister der Sommeliers für Bier, leidenschaftlicher Gastronom und Genussmensch, hat sich dieser kulinarischen Spielwiese besonders verschrieben und mir persönlich bei einer gemeinsamen Tour wahre Gaumenexplosionen beschert. Auch wer kein herausragender Koch ist, kann mit Käse auf dem Gebiet des Food-Pairings ohne große Vorbereitungen erste Schritte wagen.

Bierstil	Käsesorte
Pils	Frischkäse, Sauermilchkäse, junger Hartkäse, junger Camembert oder Brie
Helles/Lager	milde Weichkäsesorten
Märzen	pikante, würzige Käsesorten, wie Tilsiter, Munsterkäse
Festbier	würziger, gereifter Bergkäse
Weizenbier	milde, junge Käsesorten, wie Mozzarella oder Sauermilchkäse (alkoholfreies Weizenbier) sowie Trappistenkäse oder andere, eher würzige Sorten (dunkles Weizenbier)
Kölsch	junger Gouda oder Emmentaler
Altbier	leicht würzige Sorten, wie ein französischer Morbier
Dunkles	Weichkäse mit Charakter, wie ein milchiger Blauschimmelkäse
Heller Bock	Schafskäse oder rassige Blauschimmelkäsesorten, wie Gorgonzola
Dunkler Bock	reife Käsesorten mit Fruchtkomponenten, wie Feigenkäse
Weizenbock	reifer, würziger Hartkäse, wie ein gereifter Comté, Greyerzer oder ein Appenzeller
Schwarzbier	nussige Sorten, wie Bergkäse mit Walnüssen
Rauchbier	Käse mit Raucharomen

Wer möchte noch einen Espresso?

Diese Frage können Sie in Zukunft ungestellt lassen, wenn Sie Ihren Gästen als Digestiv eine Bierspezialität anbieten. In Holzfässern gereifte Starkbiere oder ein gelagerter Eisbock setzen aparte Schlusspunkte hinter ein Menü und werden den Besuchern angenehm in Erinnerung bleiben. Dunkle Biere mit ausgeprägten Kaffee- oder Röstnuancen und dunklen Schokoladentönen ersetzen vorzüglich den Espresso zur Nachspeise. So kann ein Schwarzbier, ein Bierstil, der seinen Ursprung im Osten Deutschlands hat, der Begleiter für ein Tiramisu sein, ein dunkler Doppelbock zum Mousse au Chocolat gereicht werden.

Seien Sie mutig und offen für Neues!

BIERSPEZIALITÄTEN
Riegele vor!
RIEGELE

Rezepte mit Bier

Küchenklassiker zum Nachkochen – spannend interpretiert!

Biercocktails

Tropical Storm

empfohlen von Stephan Butz, Biersommelier

Zutaten: *4 cl dunkler Rum | 4 cl Ananassaft | 2 cl Blue Curaçao | 2 cl Malibu | 2 cl Bananensirup | 10 cl Helles Export*

Zubereitung: Alle Zutaten ohne das Bier in ein Cocktailglas (0,4 l) geben und mit Bier auffüllen.

Tipp: Ein schickes Glas hebt den Style-Faktor.

Mardi Gras Power

empfohlen von Stephan Butz, Biersommelier

Zutaten: *4 cl Wodka | 2 cl Blue Curaçao | 2 cl Cranberrysaft | 2 cl Lime Juice | 5 cl Helles | 5 cl Energy Drink*

Zubereitung: Alle Zutaten außer Bier und Energy Drink in ein Cocktailglas (0,4 l) geben. Zur Hälfte mit Bier und zur anderen Hälfte mit Energy Drink auffüllen.

Tipp: Füllen Sie das Bier und den Energy Drink am besten gleichzeitig ein.

Lovely Bermuda Beer

empfohlen von Stephan Butz, Biersommelier

Zutaten: *4 cl brauner Rum | 4 cl weißer Rum | 4 cl Ananassaft | 4 cl Lime Juice | 2 cl Grenadine Sirup | 10 cl Kristallweißbier (z. B. Maisel's Weisse Kristall)*

Zubereitung: Alle Zutaten außer Bier in ein Cocktailglas (0,4 l) geben und mit Bier auffüllen.

Tipp: Verwenden Sie bevorzugt Würfeleis und kein gestoßenes Eis (Crushed Ice). Letzteres schmilzt viel zu schnell und verwässert den Cocktail.

Florida Alligator

empfohlen von Stephan Butz, Biersommelier

Zutaten: *Für einen Liter: 4 cl weißer Rum | 0,2 l Bitter Lemon | 0,2 l Orangensaft | 3 Flaschen Kristallweißbier (z. B. Schneider Weisse)*

Zubereitung: Alle Zutaten außer Bier in einen Pitcher (1 l) geben und mit Bier auffüllen.

Biercocktails

Tells Apfel (alkoholfrei)

empfohlen von Phillip Schaffer, Riegele Wirtshaus / Brauhaus Riegele, Augsburg

Zutaten: *10 cl Apfelsaft | 2 cl Bitter Lemon | 2 cl Zitronensaft | 1 cl Grenadine Sirup | 0,5 cl Mandelsirup | 10 cl alkoholfreies Bier (z. B. Riegele Weisse)*

Zubereitung: Ein Cocktailglas (0,4 l) mit Eiswürfeln füllen. Alle Zutaten ohne das Bier ins Glas geben, leicht verrühren. Das Bier dazugeben.

Golden Vegas (alkoholfrei)

empfohlen von Stephan Butz, Biersommelier

Zutaten: *10 cl Maracujanektar | 2 cl Lime Juice | 2 cl Zitronensaft | 10 cl alkoholfreies, helles Bier)*

Zubereitung: Alle Zutaten, bis auf das Bier, in ein Cocktailglas (0,4 l) geben und mit Bier auffüllen.

Tipp: Sie können auch alkoholfreies Pils verwenden, um die Süße zu reduzieren.

Isarwasser

empfohlen von Stephan Butz, Biersommelier

Zutaten: *Für einen Liter: 0,5 l dunkles Hefeweißbier (z. B. Schneider Weisse) | 0,5 l Apfelsaft | 4 cl Blue Curaçao*

Zubereitung: Bier und Apfelsaft in einen Pitcher (1 l) geben und den Curaçao vorsichtig in kreisförmigen Bewegungen auf dem Schaum verteilen.

Schon gewusst?

Bier mit zum Geschmacksprofil passenden Zutaten und anderen Getränken zu mischen ist keine neue Erfindung und folgerichtig auch kein neuer Trend. Das in Süddeutschland als Radler bekannte Biermischgetränk, bestehend aus heller Limo zu gleichen Teilen gemischt mit einem hellen Bier (Helles, Export oder Pils), ist beispielsweise schon über 100 Jahre alt. Wer das erfrischende Getränk in Norddeutschland genießen möchte, muss übrigens nach einem Alsterwasser fragen.

Beim Mischen von Biercocktails sollten Sie ein paar Grundsätze beachten:

- *Wenn Sie Bier als Hauptkomponente im Cocktail einsetzen, sollten Sie grundsätzlich auf das Shaken verzichten.*
- *Kombinieren Sie harmonisch: Süßes zu Herbem oder helle Biere zu hellen Spirituosen.*
- *Um einen Cocktail spritziger und erfrischender wirken zu lassen, kann man als Bierkomponente Weißbier verwenden.*
- *Bunte Eiswürfel erhält man durch die Zugabe von fruchtigen Likören oder Sirups, die dem Biercocktail einen zusätzlichen Geschmackskick verleihen.*
- *Experimentieren Sie in Sachen Gläser, da die Optik bei neuen Getränken eine entscheidende Rolle spielt.*

Bernd Arolds Biermenü

Rauchbier-Lachs | Tannennadelbier-Poularde | Eisbock-weiße Pfirsich-Panna Cotta

Ich wünsche euch viel Spaß an meinem – zugegebenermaßen vielleicht etwas eigenwilligen – Kochstil: Willkürbiercorecooking! So nennen mein Team und ich in meinem Restaurant »Der Gesellschaftsraum« das, wenn wieder einmal in wilden Kombinationen Fisch und Fleisch, dominante Gewürze und fruchtige Aromen, Bier und Bierzutaten auf demselben Teller zusammenkommen.

In diesem Sinne – Prost!

Euer Bernd Arold

Rauchbier-Lachs mit Hopfen-Schwarze-Lammnuss und Radler-Quitte

Das Rezept rockt für vier Bieresser.

Zutaten:

4 Stücke Lachsfilet ohne Haut à 80 g | 300 ml Rauchbier | 100 ml Grapefruitsaft | 4 cl Obstler | 2 Lammrücken ohne Knochen | 100 ml Ginger Ale | 1 EL getrocknete Hopfenblüten | 100 ml Maracujasaft | 100 g Ziegenfrischkäse | 2 schwarze Nüsse (eingelegte, unreife Walnüsse, im Feinkostgeschäft erhältlich) | 4 Blätter Minze | Alufolie | Butter | 2 Quitten | 1 rote Zwiebel | 200 ml helles Bier (Helles oder Export) | 2 Stängel Zitronengras | 100 ml Tomatensaft | 1 Vanilleschote | 1 EL Liebstöckel | Salz und Zucker zum Würzen | Pflanzenöl

Zubereitung:

Den Maracujasaft mit den Hopfenblüten aufkochen lassen und so lange reduzieren, bis er dickflüssig wird. Dann die Hopfenblüten abpassieren, mit dem Ziegenkäse aufmixen und die fein gewürfelten, schwarzen Nüsse sowie die fein geschnittene Minze untermischen. Kurz abkühlen lassen. Die Lammrücken längs aufschneiden und mit der Ziegenkäsemasse bestreichen. Dann zusammenrollen, in mit Butter bestrichener Alufolie einrollen und kühl stellen.

Die Quitten schälen, vierteln und das Kernhaus herausschneiden, dann in Scheiben schneiden. Die rote Zwiebel in feine Scheiben schneiden und im Pflanzenöl in einem Topf anbraten, dann mit Salz und Zucker würzen. Wenn sie goldgelb ist, mit Tomatensaft und hellem Bier ablöschen. Das Zitronengras leicht anklopfen und mit dazu geben. Dann fünf Minuten kochen lassen und die Quitten dazu geben. So lange kochen, bis die Quitten weich sind. Diese dann in eine Schüssel geben und mit der längs halbierten, ausgekratzten Vanilleschote und dem fein geschnittenen Liebstöckel abschmecken.

Aus Rauchbier, Grapefruitsaft und Obstler einen Fond kochen, den Fond von der Hitze nehmen und den Lachs einlegen. Das in Alufolie eingepackte Lamm in einer Pfanne mit Pflanzenöl eine Minute anbraten, umdrehen und im vorgeheizten Ofen bei 200 °C fünf Minuten fertig garen. Die warmen Quitten mit dem Lachs anrichten, das Lamm auspacken und in vier Teile geschnitten mit anrichten.

»Entweder man lebt, oder man ist konsequent«.

Erich Kästner

Drei, für die Bier etwas ganz Besonderes ist
Bier zu brauen, ist eine Kunst, mit Bier zu kochen wie Punkkoch Bernd Arold auch, Bier sensorisch zu bewerten, stellt jedoch die Kür dar. Der zweite Biersommelier-Weltmeister Sebastian Priller-Riegele und Sandra Ganzenmüller machen das fast täglich und entdecken dabei immer neue, spannende Nuancen.

Farbe, Schaum, Klarheit, Rezenz, Aroma und Mundgefühl – das sind die Facetten, die bei einer Profiverkostung bewertet werden und die gute von sehr guten Bierspezialitäten unterscheiden. Mit Bier zu kochen, diese Kunst hat Bierliebhaber Bernd mit seiner Küchencrew in den vergangenen Jahren mit Liebe zum Detail verfeinert – das ein oder andere Bier wird aber immer noch seiner ursprünglichen Bestimmung zugeführt und als FAB (Feierabendbier) genossen.

»Ein ernst zu nehmender Staat benötigt eine eigenene Fluggesellschaft und ein eigenes Bier. Eine Fußballmannschaft oder Nuklearwaffen helfen, aber ein Bier ist Minimalvoraussetzung«.

Frank Zappa

Hummer-Maispoularde in Tannennadelbier, pochiert mit Ananas-Schwarzbier-Shiitake und Malzbier-Sepia-Trüffel-Crêpes

Das Rezept rockt für vier Bieresser.

Zutaten:

4 Maispoularden | 2 Hummerschwänze | 400 ml Tannennadelbier (z. B. Kiesbye's BIERkulturHAUS Waldbier 2012) | 200 ml Rhabarbersaft | 2 Lorbeerblätter | 2 Stängel Zitronengras | ¼ Ananas | 200 g Shiitake | 100 g Sellerie | 1 rote Zwiebel | 200 ml Schwarzbier (z. B. von der Pyraser Landbrauerei oder der Störtebeker Biermanufaktur) | 200 ml Ananassaft | 1 TL Fenchelsaat | 1 TL Curry | Salz und Zucker zum Würzen | Pflanzenöl zum Anbraten | 2 Bio-Eier | 200 g Mehl | 100 ml Milch | 100 ml Malzbier | 1 TL Sepiafarbe (im Feinkost oder Fischgeschäft erhältlich) | Etwas Muskat und Salz zum Würzen | 200 g Süßkartoffel | 10 g Trüffelöl | 20 g Taleggio-Käse

Zubereitung:

Die Maispoularden quer einschneiden und mit einer Hälfte vom Hummerschwanz füllen, dann mit hitzefestem Küchengarn festbinden, aus Tannennadelbier, Rhabarbersaft, Lorbeerblättern und fein geschnittenem Zitronengras einen Fond aufkochen und abkühlen lassen.

Die Shiitake, den Sellerie und die rote Zwiebel kleinschneiden, mit Pflanzenöl in einer Pfanne fünf Minuten anbraten, mit Schwarzbier und Ananassaft ablöschen. Dann mit Fenchelsaat, Curry, Salz und Zucker würzen und fünf Minuten einkochen lassen. Im Anschluss die fein gewürfelte Ananas dazugeben und weitere fünf Minuten kochen, bevor die Mischung von der Hitze genommen werden kann.

Aus den Eiern, Mehl, Milch, Malzbier, Sepiafarbe, Muskat und Salz einen Crêpes-Teig herstellen.

Die Süßkartoffeln schälen und in Alufolie 1 Stunde im Ofen bei 200 °C garen. Dann mit einem Löffel auskratzen und mit dem gewürfeltem Taleggio und Trüffelöl mixen, mit Salz abschmecken, aus dem Crêpes-Teig acht Crêpes in einer Pfanne mit Pflanzenöl ausbraten und mit Süßkartoffelmasse füllen.

Die Maispoularde im kochenden Bierfond zehn Minuten pochieren, dann die Schnur entfernen und in einer Pfanne in Pflanzenöl auf der Hautseite goldgelb anbraten. Das Shiitake-Chutney warm servieren und die Crêpes im 200 °C heißen Ofen aufwärmen und servieren.

Eisbock-weiße Pfirsich-Panna Cotta mit Basilikum-Porter-Sorbet und warmem Guinnessschaum

Das Rezept rockt für vier Bieresser.

Zutaten:

200 ml Ziegenmilch | 100 ml Eisbock | 100 ml weißes Pfirsichmark (TK) | 100 g brauner Zucker | 3 Blatt Gelatine | 4 Blatt Minze | 200 ml dunkles, fast schwarzes Bier (z. B. Porter Bier) | 200 ml Ginger Ale | 10 g Ingwer | 2 Töpfe oder Bund Basilikum | 200 g Zucker | 200 ml Guinness (oder anderes Stout) | 100 ml Sahne | 1 EL Zucker

Zubereitung:

Das Porterbier und Ginger Ale mit Zucker aufkochen. Den Ingwer fünf Minuten ziehen lassen und dann auf den frischen Basilikum geben und weitere zwei Stunden ziehen lassen. Im Anschluss abpassieren und drei Stunden kühl stellen. Die Ziegenmilch, Eisbock, weißes Pfirsichmark, Zucker und Minze aufkochen. Die Gelatine in kaltem Wasser einlegen, unter die heiße Biermasse geben, in vier Gläser bis zur Hälfte verteilen und eine weitere Stunde kühl stellen.

Das Stout, den Zucker und die Sahne einmal aufkochen und mit einem Zauberstab aufschäumen. Das gefrorene Sorbet mit einem Zauberstab aufmixen und auf die gestockte Panna Cotta geben. Den warmen Guinnessschaum, auch mit einem Zauberstab aufgeschäumt, auf das Sorbet geben und zusammen genießen.

»Wer interessieren will, muss provozieren.«

Salvador Dali

Distelhäuser Biertascherl mit Biersenfsauerkraut

Zutaten:

Für die Fleischfüllung: 1 Flasche Helles (z. B. Distel Spezial) | 1 altbackenes Brötchen | 1 kg feines, gemischtes Hackfleisch | gemahlener Rosmarin | gerebelter Thymian | Cayennepfeffer | Salz | frisch gemahlener Pfeffer
Für den Nudelteig: 300 g Weizenmehl | 4 Eigelb | 2 Eiweiß für den Teig | 1 EL Olivenöl | 1 Eiweiß zum Bestreichen
Für das Biersenfsauerkraut: 8 Schalotten | 1 EL Öl | 400 g Sauerkraut | ¼ l Brühe | 1 EL Biersenf | Petersilie, fein gehackt | Kümmel | Salz | frisch gemahlener Pfeffer

Rezeptempfehlung von
Markus Ruppert, Küchenchef im Distelhäuser Brauhaus, Distelhäuser Brauerei

1 Das Bier unter gelegentlichem Rühren einfrieren. Das Brötchen in Wasser einweichen. Die Hälfte des Hackfleisches mit dem eingeweichten und ausgedrückten Brötchen sowie den Kräutern und Gewürzen vermengen. Das gefrorene Bier untermischen. Das restliche Hackfleisch unterheben.

2 Die Zutaten für den Nudelteig zu einem elastischen Teig verarbeiten. In Klarsichtfolie einwickeln und 2 Stunden ruhen lassen.

3 Für das Biersenfsauerkraut die Schalotten schälen und in Scheiben schneiden. Öl erhitzen und die Schalotten anschwitzen. Sauerkraut dazugeben und mit der Brühe auffüllen. Biersenf, Petersilie, Kümmel und Gewürze dazugeben, aufkochen und 10 Minuten köcheln lassen.

4 Den Nudelteig gleichmäßig dünn ausrollen und in Rechtecke (ca. 10 x 5 cm) schneiden. Einen Teelöffel Fleischfüllung auf die eine Hälfte des Rechtecks geben, die Ränder dünn mit Eiweiß bestreichen. Mit der anderen Hälfte des Nudelteigs die Füllung einschlagen und die Ränder gut andrücken. Einen großen Topf mit Salzwasser zum Kochen bringen. Die Biertascherl hineingeben und bei mittlerer Hitze köcheln lassen, bis sie an die Oberfläche steigen. Mit einer Schaumkelle herausnehmen und abtropfen lassen. Anschließend in einer Pfanne mit Butter bei mittlerer Hitze leicht anrösten. Auf dem Biersenfsauerkraut mit ein wenig Nudelwasser anrichten.

5 Das Gericht kann entweder als Vorspeise oder mit kräftigen Scheiben eines dunklen Bauernbrotes als Hauptgang serviert werden.

Feines Weissbier-Risotto mit Karottenwürfeln

Zutaten: *1 Gemüsezwiebel | 1 Karotte | 2 EL Olivenöl | 150 g Risottoreis | 100 ml Hefeweißbier (z. B. Schneider Weisse TAP 7 Unser Original) | 300 ml Gemüsebrühe | 50 g Parmesan | 2 EL Butter | Salz | frisch gemahlener Pfeffer*

1 Zwiebel und Karotte schälen, von der Karotte ein paar lange Streifen mit dem Sparschäler abhobeln; den Rest der Karotte und die Zwiebel in Würfel schneiden. Olivenöl in einem Topf erhitzen und das Gemüse glasig dünsten. Den Risottoreis dazugeben und kurz anschwitzen. Mit Bier angießen und vollständig reduzieren.

2 Die heiße Gemüsebrühe nach und nach angießen, bis sie aufgebraucht ist und der Reis noch etwas Biss hat. Zum Schluss Parmesan und Butter unterrühren und mit Salz und Pfeffer würzen.

3 Das Weissbier-Risotto auf Tellern anrichten, mit Parmesan bestreuen und mit den Karottenstreifen garnieren.

Rezeptempfehlung von
Josef Nagler / Weisses Bräuhaus im Tal, München, Schneider Weisse

Schneider Weisse: bürgerlich gekröntes Weißbier

Weißbier, die bekannteste obergärige Biersorte, war vor knapp 400 Jahren das Bier des Adels und Herstellung sowie Vertrieb lagen allein in der Hand einer einzigen Adelsfamilie, nämlich der Degenberger aus Bogen. Die Biersorte war bis Mitte des 19. Jahrhunderts sehr begehrt, dann wurden einem Trend zufolge untergärige Biere bevorzugt, deren Produktion dadurch immer weiter anstieg. Im königlich-weissen Hofbräuhaus in München beabsichtigten die Verantwortlichen daher, die Produktion von Weißbier ganz aufzugeben.

Georg Schneider I., damaliger Pächter, glaubte allerdings an die alte, obergärige Brauweise und verhandelte während der Regierungszeit von König Ludwig II. mit dem bayerischen Hofbräuamt über die Ablösung des »Weissbierregals«, des Rechts Weißbier zu brauen. Als erstem Bürgerlichen wurde ihm dieses Recht zugesprochen und die Geburtsstunde der Schneider Weisse eingeläutet. Somit haben die Vorfahren des heutigen Georg Schneider VI. dafür gesorgt, dass das Weißbier nicht ausgestorben ist.

Junger Chicorée in Landbier geschmort

Zutaten:
4 junge Chicorée | 120 g Butter | ½ l Export (z. B. Pyraser Landbier) | 1 TL Zucker | 1 TL Hühnerbrühe | Salz | frisch gemahlener Pfeffer | 3 EL Paniermehl | 3 EL geriebener Hartkäse (z. B. Gruyère)

Rezeptempfehlung von
Marlies Bernreuther,
Pyraser Landbrauerei

1 Chicorée putzen und das bittere Ende keilförmig ausschneiden. Einen Schmortopf mit 100 g Butter ausstreichen, den Chicorée hineinlegen und zugedeckt bei mittlerer Temperatur etwa 3-4 Minuten pro Seite garen, bis er zu bräunen beginnt.

2 Das Bier angießen, Zucker und Hühnerbrühe zufügen, salzen und pfeffern. Den Deckel wieder schließen und den Chicorée 20 Minuten schmoren. Chicorée herausnehmen und in eine Auflaufform legen.

3 Den Bratensaft so lange reduzieren, bis er sirupartige Konsistenz hat. Diese Sauce über den Chicorée gießen und mit dem Paniermehl sowie dem Käse bestreuen. Die restliche Butter in Flöckchen darauf verteilen. Die Auflaufform kurz vor dem Servieren in den auf 200 °C vorgeheizten Backofen schieben und überbacken, bis die Kruste eine goldbraune Farbe angenommen hat. Dazu passen Kartoffeln und Lendchen.

Braukunst mit Herzblut: Pyraser Landbrauerei in Frauenhand

Seit 1870 braut und verkauft die im Herzen von Franken gelegene Pyraser Landbrauerei Biere aus der Region für die Region. Ebenso lange ist die Brauerei im Besitz der Familie Bernreuther, die schon immer sehr viel Wert auf authentisches Handwerk legte. Nach zehn Generationen in reiner Männerhand übernahm Marlies Bernreuther im Januar 2010 die Brauerei von ihrem Vater. Sie war damals die jüngste Brauereibesitzerin Bayerns und hat sich in der von Männern geprägten Branche nicht nur orientiert, sondern auch erfolgreich durchgesetzt – eine bewundernswerte Leistung, meiner Meinung nach. Nach den ersten zwei Jahren als erfolgreiche Unternehmerin setzte sie 2012 ein Zeichen und brachte ihre eigene Bierspezialitätenreihe heraus: »Pyraser Herzblut« ist eine exquisite Edition der Traditionsbrauerei, die für wahre Leidenschaft, auserlesenen Geschmack und ehrliches Handwerk steht. Seit der Übernahme der Brauerei hat Marlies Bernreuther einige Auszeichnungen erhalten, unter anderem wurde sie zur »Frau des Jahres 2010« beim brikada Online-Magazin gekürt und war Finalistin des Bayerischen Gründerpreises in der Kategorie »Nachfolge«. Marlies Bernreuther lebt mit Herzblut für ihre Aufgaben und verkörpert die ideale Verbindung eines traditionellen und gleichzeitig modern interpretierten Familienunternehmens. Sie ist eine von knapp 20 Frauen, die in Bayern mittlerweile die Regie im Unternehmen übernommen und die Geschicke einer Familienbrauerei führen.

Zarter Rinderbraten in feuriger Biersauce

Zutaten: *4 Karotten | 3 Gemüsezwiebeln | 1 l Pils (z. B. Flensburger Pilsener) | 4 EL Zucker | 100 ml Weinessig 5% | Salz | frisch gemahlener Pfeffer | 2 kleine Chilischoten | 1 kg Rinderbraten | 6 EL Butterschmalz | Paprika edelsüß | Soßenbinder oder Speisestärke | Salz*

Rezeptempfehlung von
Hans-Peter Hansen, Pressereferent Media und Gastro Consulting, Flensburger Brauerei

1 Karotten und Zwiebeln schälen. Zwiebeln in Scheiben, Karotten in Stücke schneiden. Bier mit dem Gemüse, Zucker sowie Essig verrühren und mit Salz und Pfeffer würzen. Chilischoten entkernen, in kleine Würfel schneiden und dazugeben. In dieser Marinade das Fleisch zugedeckt über Nacht im Kühlschrank marinieren.

2 Am nächsten Tag das Fleisch herausnehmen, abtropfen lassen, abtrocknen und in Butterschmalz von allen Seiten kräftig anbraten.

3 Die Marinade durch ein Sieb geben und die Hälfte der Marinade über den Braten gießen. Zugedeckt etwa 30–40 Minuten schmoren. Die restliche Marinade mit dem Gemüse dazugeben und noch einmal etwa 20 Minuten garen. Die Soße mit Salz, Pfeffer und Paprika abschmecken und mit Soßenbinder oder in Wasser angerührter Stärke binden. Dazu passen Salzkartoffeln und Rotkohl.

Tipp: Mag man den Geschmack kräftig und ein wenig herb, dann kann man zum Beispiel Flensburger Pilsener verwenden; mag man ihn eher lieblich, passt Flensburger Malz besser.

In bieriger Salzlake gereifter Brauerbraten

Zutaten: (6 Portionen): *½ l Export (z. B. Hütt Brauer Schorsch's) | 4 Knoblauchzehen | Salz | 1 Schweinenacken ohne Knochen (ca. 2 kg) | 1-2 EL Senf | frischer Rosmarin, fein gehackt (ersatzweise Thymian oder Kräuter der Provence)*

Rezeptempfehlung von
Timo Bauer, Küchenchef Brauhaus Knallhütte, Hütt-Brauerei

1 Etwa 2 Liter lauwarmes Wasser mit dem Export mischen, den Knoblauch zerdrücken, dazugeben und mit Salz so abschmecken, dass die Lake stark salzig schmeckt (in etwa wie Meerwasser). Das Fleisch einlegen und mit einer Fleischgabel 20–30 Mal tief anstechen, damit die Lake leichter in das Fleisch eindringen kann. Darauf achten, dass das Fleisch von der Lake bedeckt ist; eventuell etwas Wasser und Bier nachgießen. Zugedeckt für 48 Stunden kühl stellen

2 Fleisch aus der Lake nehmen, mit Senf einreiben und mit Rosmarin bestreuen. Im Backofen bei 165 °C etwa 2 Stunden braten und zwischendurch mit dem austretenden Fleischsaft übergießen.

3 Dazu passen Sauerkraut und Bratkartoffeln.

Märchenhafte Knallhütte

Das Brauhaus Knallhütte, das heute von der Hütt-Brauerei beliefert wird, hat einen engen Bezug zu den Grimm'schen Märchen: Die berühmte Märchenfrau Dorothea Viehmann wurde auf der Knallhütte geboren. Und was hat dies mit den Märchen zu tun, fragen Sie sich? Sie lebte 32 Jahre hier und sammelte während ihrer Kindheit in der Gaststube des Vaters zahlreiche Märchen. Diese erzählten ihr die durchreisenden Kaufleute, Handwerksburschen und Fuhrleute, die auf der Knallhütte Station machten, das weithin bekannte Bier tranken und aßen. Dorothea behielt diese Märchen ganz fest in ihrem Gedächtnis und erzählte sie später den Gebrüdern Grimm. Von 1813 bis 1815 trug sie so zu mindestens 36 Grimm'schen Märchentiteln bei, die einen großen Teil des zweiten Bandes der Kinder- und Hausmärchen ausmachen. Dorothea Viehmann war sicherlich eine der wichtigsten mündlichen Märchenquellen der Brüder Grimm und konnte lebendig aus ihrem großen Schatz an Geschichten erzählen. Im Grunde genommen eine altmodische Form des Ghostwritings. Wer hätte gedacht, dass die Märchen der Gebrüder Grimm so eng mit einer Brauerei verwoben sind.

Mohrenköpfle-Wildschweinbraten mit Bier-Pflaumen-Confit

Zutaten:

Für den Wildschweinbraten: ca. 2 kg Wildschweinbraten aus der Keule (Knochen mitgeben lassen für Sauce) | 2 EL Öl | gemahlener weißer Pfeffer | Salz | ¼ TL Zucker | ¼ TL Zimt | ¼ Stange Lauch | ¼ Knolle Sellerie | 1 Karotte | ½ Zwiebel | 4-6 Wacholderbeeren | 6 schwarze Pfefferkörner | 2 Nelken | 3 Lorbeerblätter | 1 Flasche Mohrenköpfle von Haller Löwenbräu (oder ein anderes vollmundiges, bernsteinfarbenes Bier) | 1 EL Tomatenmark | 100 g Preiselbeermarmelade | ½ l Fleischbrühe

Für das Bier-Pflaumen-Confit: 1 kleine Zwiebel | 1 TL Butter | 250 g Pflaumen im Glas | 200 ml Hefeweizenbier (z. B. Mohrenköpfle-Landbier von der Haller Löwenbrauerei) | 100 g frische Pflaumen oder Zwetschgen | gemahlener Zimt

Rezeptempfehlung von
Klaus Ungerer, Brauereiausschank Zum Löwen, Haller Löwenbräu

1 Fleisch im heißen Öl kräftig anbraten, aus dem Topf herausnehmen und etwas abkühlen lassen. Mit weißem Pfeffer, Salz, Zucker und Zimt würzen und in Klarsichtfolie einwickeln. Gemüse putzen, in grobe Stücke schneiden und mit dem Knochen im selben Topf anrösten. Gewürze dazugeben, mit der Hälfte des Bieres ablöschen, Tomatenmark und die Hälfte der Marmelade unterrühren. Danach die Hälfte der Fleischbrühe dazugießen, das Fleisch aus der Folie nehmen und in den Topf auf das Gemüse legen.

2 Den Braten im Backofen bei etwa 130 °C für 1,5–2 Stunden zugedeckt schmoren, dabei immer wieder mit der restlichen Brühe und dem restlichen Bier übergießen. Den Braten herausnehmen und ruhen lassen, dabei warm halten. Die Sauce durch ein Sieb passieren und abschmecken.

3 Für das Bier-Pflaumen-Confit die Zwiebel schälen und klein hacken. Butter in einem Topf zerlassen und die Zwiebel darin andünsten. Die Hälfte vom Pflaumensaft aus dem Glas zugeben und reduzieren, bis Zwiebeln und Saft sämig eingekocht sind. Die Hälfte des Bieres zugeben und ebenfalls reduzieren. Das Reduzieren zuerst mit dem restlichen Pflaumensaft und dann mit dem restlichen Bier wiederholen.

4 Die frischen Pflaumen waschen, halbieren und entsteinen. Die Pflaumenhälften und die Pflaumen aus dem Glas in den Topf geben, kurz mitdünsten und mit etwas Zimt abschmecken. Das Bier-Pflaumen-Confit mit dem Wildschweinbraten anrichten. Dazu passen Rotkohl und Semmelknödel.

Kalbsschnitzel im Braumalzmantel mit Weiss-Gold-Zwiebeln

Zutaten:

Für das Kalbsschnitzel im Braumalzmantel: 240 g geröstetes Braumalz | 4 Kalbsschnitzel (je 150 g) | Salz | frisch gemahlener Pfeffer | 80 g süßer Senf | 40 g Meerrettich, frisch gerieben | 2 Eier | Mehl zum Panieren | Öl zum Braten

Für die Weiss-Gold-Zwiebeln: 700 g Zwiebeln | 120 g Zucker | 2 Flaschen Meckatzer Weiss-Gold (oder ein anderes Weißbier) | 5 Wacholderbeeren | 2 Lorbeerblätter | Salz | frisch gemahlener Pfeffer

Für den Kartoffelsalat: 1 kg festkochende Kartoffeln | 60 g Zwiebeln | 400 ml Brühe | Essig | Salz | frisch gemahlener Pfeffer | 1 Bund Schnittlauch, fein gehackt | 4 EL Öl

1 Braumalz in der Küchenmaschine mit Getreidemühlenaufsatz fein schroten. Mit einem groben Sieb von Schalenteilen trennen und diese wegwerfen. Schnitzel flach klopfen, von beiden Seiten mit Salz und Pfeffer würzen und von einer Seite mit Senf bestreichen. Den Meerrettich darüber verteilen und leicht in den Senf drücken. Eier verschlagen und ebenso wie Mehl und Braumalz auf je einen flachen Teller geben. Kalbsschnitzel vorsichtig zuerst im Mehl, dann im Ei und zuletzt im Braumalz wenden. Von beiden Seiten etwa 4 Minuten in heißem Öl goldbraun braten.

2 Zwiebeln schälen und in dünne Scheiben hobeln. Zucker ohne Fett in einem Topf goldbraun karamellisieren. Mit Bier ablöschen und den Karamell am Topfboden durch Köcheln lösen. Zwiebelscheiben, Wacholderbeeren und Lorbeerblätter dazugeben und bei niedriger Hitze etwa 3–4 Stunden schmoren, bis die Zwiebeln schön weich sind und eine goldgelbe Farbe angenommen haben. Dabei zwischendurch mit Bier nachgießen, wenn die Flüssigkeit verkocht ist. Mit Salz und Pfeffer abschmecken.

3 Kartoffeln waschen und mit Schale gar kochen. Zwiebeln schälen und hacken. Brühe mit den gehackten Zwiebeln aufkochen, vom Herd nehmen. Kartoffeln pellen und in etwa 0,5 cm dicken Scheiben in die heiße Brühe hobeln. Mit Essig, Salz und Pfeffer abschmecken und mindestens eine halbe Stunde ziehen lassen. Danach den Schnittlauch daruntermischen und mit Öl vermengen. Den lauwarmen Kartoffelsalat mit dem Kalbsschnitzel und den Weiss-Gold-Zwiebeln servieren.

Rezeptempfehlung von
Thomas Peter-Auerswald,
Küchenchef Meckatzer
Bräustüble,
Meckatzer Löwenbräu

Bierempfehlung
Weiss-Gold,
Meckatzer Löwenbräu

Kalbsragout mit Austernpilzen in Weißbier-Sauce

Zutaten: *2 Zwiebeln | 50 g Butter | 500 g Kalbfleisch | 350 g Austernpilze | 2 EL Mehl | 100 ml Weißwein | 100 ml Weißbier (z. B. Lammsbräu Weiße) | 200 ml Kalbs oder Fleischfond | 1 großes Lorbeerblatt | 2 TL gerebelter Thymian | 1 Eigelb | 200 g Sahne | 1 Prise frisch geriebene Muskatnuss | Salz | frisch gemahlener Pfeffer*

1 Die Zwiebeln schälen und fein hacken. Die Butter in einer Pfanne schmelzen und die Zwiebel darin glasig dünsten. Das Fleisch in Würfel schneiden, etwas salzen, zu den Zwiebeln geben und von allen Seiten leicht anbraten. Die Austernpilze vorsichtig putzen und etwa 2 Minuten mitbraten.

2 Das Fleisch mit Mehl bestäuben und kurz anschwitzen, dann mit Wein und Bier ablöschen und den Fond zugießen. Lorbeerblatt und Thymian zugeben, die Pfanne abdecken und bei schwacher Hitze etwa 10 Minuten garen. Je nach Größe der Fleischstücke kann sich die Gardauer etwas verkürzen oder verlängern. Nach Bedarf noch etwas Fond angießen.

3 Abschließend Eigelb mit Sahne verquirlen und nach und nach unter das nicht mehr kochende Ragout mengen. Das Ragout sollte dabei nicht zu heiß sein, damit das Ei nicht ausflockt. Mit etwas Muskatnuss, Salz und Pfeffer abschmecken. Dazu schmecken Bratkartoffeln sehr gut.

Rezeptempfehlung von
Dr. Franz Ehrnsperger,
Neumarkter Lammsbräu

Saftiger Schweinerücken in Thymian-Bier-Sauce

Zutaten: *50 g Schweineschmalz | 1,2 kg Schweinebraten (Rücken ohne Knochen) | 750 g Zwiebeln | Salz | frisch gemahlener Pfeffer | 1 Tasse Paniermehl | ½ l helles Exportbier (z. B. Pyraser Landbier) | 4 Zweige Thymian | 3 Lorbeerblätter*

Rezeptempfehlung von
Marlies Bernreuther,
Pyraser Landbrauerei

1 Das Schweineschmalz in einem Topf erhitzen. Das Fleisch von allen Seiten goldbraun anbraten, dann das Fleisch aus dem Topf nehmen.

2 Die Zwiebeln fein würfeln und im selben Topf anbraten, reichlich salzen und pfeffern. Fleisch wieder zurück in den Topf geben. Das Paniermehl mit einem Teil des Bieres vermischen und über das Fleisch gießen. Thymian und Lorbeer dazugeben und bei milder Hitze etwa 2 Stunden garen. Währenddessen immer wieder Bier nachgießen.

3 Das Fleisch herausnehmen, etwas ruhen lassen und dann in Scheiben schneiden. Die Sauce abschmecken und mit dem Fleisch servieren. Dazu passen Knödel.

In dunklem Weizenbier geschmorte Rinderrippen

Zutaten (für 6 Personen): *80 ml Oliven- oder Rapsöl | 12 kurze Rippen vom Rind (mit Knochen) | Salz | frisch gemahlener Pfeffer | 1 Gemüsezwiebel | ½ Stange Staudensellerie | 1 Karotte | 1 EL Tomatenmark | ½ l trockener Rotwein | ½ l dunkles Weizenbier (z. B. Welde Dunkles Weizen) | 1,4 l Kalbs- oder Rinderfond | 6 Schalotten | 40 g Butter | 100 g Zucker | 50 ml Malzessig | 1 Zweig Thymian | 1 l dunkles Weizenbier (z. B. Welde Dunkles Weizen)*

Rezeptempfehlung von
Christoph Winkelhausen, Restaurant Bootshaus Mannheim
Brauerei Welde

1 Öl in einem großen, hohen Bräter erhitzen. Die Rippen mit Salz und Pfeffer würzen, in den Bräter legen und von allen Seiten so lange anbraten, bis sie kräftig gebräunt sind.

2 Zwiebel, Sellerie und Karotte putzen und in Würfel schneiden. Backofen auf 180 °C vorheizen. Fleisch aus dem Bräter nehmen und das Gemüse darin anschwitzen, bis es karamellisiert und eine schöne dunkelbraune Farbe hat. Tomatenmark zugeben und kurz mitdünsten. Mit Rotwein ablöschen und komplett einkochen lassen.

3 Ein Drittel des Bieres zugießen und reduzieren; mit den anderen zwei Dritteln wiederholen, bis eine sirupartige Flüssigkeit von dunkelbrauner Farbe entsteht. Den Fond zugeben und alles einmal aufkochen.

4 Die Rippen in den kochenden Fond geben und die Pfanne vom Herd nehmen, mit einem Deckel oder mit Alufolie abdecken und in den Backofen stellen. Etwa 1–1,5 Stunden schmoren, bis das Fleisch weich ist.

5 Für die Reduktion in der Zwischenzeit die Schalotten in feine Streifen schneiden. Butter erhitzen und die Schalotten darin farblos anschwitzen. Zucker zugeben und farblos karamellisieren. Mit dem Malzessig ablöschen und reduzieren, bis alle Flüssigkeit verdampft ist. Thymian dazugeben, mit dem Bier ablöschen und auf ein Drittel der Menge reduzieren.

6 Mit einer Fleischgabel testen, ob die Rippen weich sind, dann aus dem Fond nehmen und warm stellen. Den Fond durch ein feines Sieb auf die Reduktion gießen und beides so lange reduzieren, bis eine sämige Sauce entstanden ist. Mit Salz und Pfeffer abschmecken. Die Rippen zurück in die Sauce geben und kurz aufkochen lassen. Je zwei Stück pro Person auf Teller anrichten und mit Sauce übergießen. Als Beilage passen breite Nudeln oder Spätzle.

Gefüllte Maishendlbrust mit pikanter Weißbier-Sauce auf Graupen-Risotto

Zutaten:

Für die gefüllte Maishendlbrust mit pikanter Weißbier-Sauce: 4 Maishendlbrüste | 100 g Kalbsbrät | 1 EL gehackte Petersilie | Salz | frisch gemahlener Pfeffer | gemahlener Rosmarin | Paprika edelsüß | Öl zum Braten | Wurzelgemüse (z. B. 3 Karotten, eine Petersilienwurzel, eine Stange Lauch) | Butter zum Anbraten | 1 EL Tomatenmark | 1 EL Preiselbeeren | ½ l Hefeweißbier (z. B. Wieninger Weißbier naturtrüb Premium) | grüner Pfeffer | Sahne zum Abschmecken

Für das Graupen-Risotto: 1 große Zwiebel | Butter zum Anschwitzen | 200 g Graupen | ¼ l trockener Weißwein | ¼ l Brühe | 250 g Sahne | 50 g Parmesan | Salz | frisch gemahlener Pfeffer

Für den Feldsalat mit Kartoffel-Speck-Dressing: 280 g Feldsalat | 1 Kartoffel, gekocht und gepellt | 20 g Bauchspeck, gewürfelt | Rapsöl | Salz | Zucker | frisch gemahlener Pfeffer | Balsamico

Rezeptempfehlung von
Christian Wieninger,
Privatbrauerei M. C. Wieninger

Bierempfehlung
Wieninger Hefe-Weißbier

1 Backofen auf 180 °C vorheizen. In jede Maishendlbrust eine kleine Tasche schneiden. Kalbsbrät mit Petersilie vermengen und die Brust damit füllen. Mit Salz, Pfeffer, Rosmarin und Paprika würzen. Öl in einem ofenfesten Topf oder Bräter erhitzen und Fleisch kurz auf beiden Seiten anbraten. Den Topf abgedeckt für etwa 20 Minuten in den Backofen stellen.

2 Wurzelgemüse in kleine Würfel schneiden und in Butter anbraten. Tomatenmark und Preiselbeeren dazugeben und mit Bier mehrere Male ablöschen. Zum Schluss mit grünem Pfeffer und etwas Sahne abschmecken.

3 Zwiebel würfeln und in Butter glasig anschwitzen. Graupen dazugeben, mit Wein und Brühe aufgießen und weich kochen. Abschließend Sahne und geriebenen Parmesan unterrühren, mit Salz und Pfeffer abschmecken.

4 Salat waschen und trockenschleudern. Kartoffel in kleine Würfel schneiden und mit dem Speck im Rapsöl braten. Etwas abkühlen lassen und mit den restlichen Zutaten verrühren. Das fertige Dressing über den Salat geben.

Deftiges Bierbrat'l vom Rind mit würziger Sauce

Zutaten: *1,5 kg Rindfleisch aus der Keule | Salz | frisch gemahlener Pfeffer | Öl zum Braten | 1 Zwiebel | ½ Karotte | ½ Lauch | ¼ Knolle Sellerie | 2 Lorbeerblätter | 4–5 Wacholderbeeren | ¼ l dunkles Lagerbier (z. B. Wieninger Dunkles Lagerbier Premium) | 0,5 l Gemüsebrühe oder Wasser | Mehl zum Binden der Sauce*

1 Das Rindfleisch mit Salz und Pfeffer würzen. Das Öl in einem Topf erhitzen und das Fleisch auf allen Seiten scharf anbraten.

2 Zwiebel, Karotte, Lauch und Sellerie putzen und würfeln. Zusammen mit den Gewürzen zum Fleisch geben und mit dem Bier ablöschen. Die Brühe angießen und den Braten bei geschlossenem Deckel gar schmoren, das dauert – je nach Größe des Fleisches – etwa 2 Stunden.

3 Das Fleisch aus der Sauce nehmen und warm stellen. Die Sauce mit Mehl binden und durch ein Sieb streichen. Als Beilage passen sehr gut Semmelknödel und frisches Wirsinggemüse.

Rezeptempfehlung von
Christian Wieninger,
Privatbrauerei M. C. Wieninger

Bierempfehlung
Wieninger
Dunkles Lagerbier

Gebratener Steinbutt mit buntem Kartoffelsalat in Bierdressing

Zutaten (für 6 Personen):

Für den Fisch: 1 kg Steinbuttfilet | Salz | frisch gemahlener Pfeffer | Mehl zum Mehlieren | Öl zum Braten | 20 g Butter | 1 Zweig Thymian

Für den bunten Kartoffelsalat in Bierdressing: 500 g festkochende Kartoffeln, gegart und gepellt | 50 g Radieschen | 2 Frühlingszwiebeln | 4 Blätter Kopfsalat | 2 Blätter Radicchio | 50 g Rucola | 20 g Öl zum Braten | Salz | frisch gemahlener Pfeffer | 20 ml helles Ale (z. B. Störtebeker Braumanufaktur Atlantik Ale) | 10 g weißer Balsamico | 30 g Rapsöl

Für die Sauce rouille: 1 Eigelb | ½ gestrichener TL Schmand | 10 g abgekühlte Brühe | 1 Knoblauchzehe | 1 Spritzer Tabasco | 1 Prise Salz | 1 g Paprika edelsüß | 5 g Tomatenmark | 1 Spritzer Sherryessig | 3 g Gin | etwas Pfeffer aus der Mühle | ½ gestrichener EL Mayonnaise | 1 Spritzer weißer Balsamico | 100 ml Öl

1 Den Fisch waschen, mit einem sauberen Küchentuch trockentupfen und portionieren. Backofen vorheizen auf 160 °C. Die Fischfilets mit Salz und Pfeffer einreiben und leicht von einer Seite mehlieren. Öl in einer ofenfesten, beschichteten Grillpfanne erhitzen und die Filets von beiden Seiten goldbraun anbraten. Die angebratenen Filets mit etwas Butter bestreichen und zusammen mit dem Thymian für etwa 5 Minuten im Backofen glasig garen.

2 Kartoffeln garen, pellen und abkühlen lassen. Radieschen waschen und in etwa 5 mm große Würfel schneiden. Frühlingszwiebeln in dünne Ringe schneiden und Salatblätter und Rucola grob zerzupfen. Öl in einer Pfanne erhitzen und die Kartoffeln goldgelb braten. Mit Salz und Pfeffer würzen. Radieschen und Frühlingszwiebeln dazugeben und kurz mit anschwenken. Bier, Essig und Rapsöl zu einem Dressing verschlagen. Unmittelbar vor dem Anrichten die empfindlichen Salatblätter dazugeben und mit dem Dressing vermengen.

3 Für die Sauce rouille alle Zutaten bis auf das Öl verrühren. Unter kräftigem Rühren mit einem Schneebesen das Öl sehr langsam hinzufügen.

Rezeptempfehlung von
Benedikt Faust,
Sternekoch,
Störtebeker Braumanufaktur

Geeistes Bierdessert aus Luxemburg

Zutaten (für 6 Personen): *625 ml Pils (z. B. Bofferding Pils)* | *1 Handvoll Parboiled oder Langkornreis* | *80 g Vollmilchpulver* | *200 g Traubenzucker* | *1,4 l Wasser*

1 Um ihm die Kohlensäure zu entziehen, das Bier für mindestens 1 Stunde in eine große Schüssel mit dem Reis geben und anschließend durch ein Sieb gießen, den Reis entfernen.

2 Die anderen Zutaten in einen Topf geben und unter Rühren erhitzen, bis sich der Zucker aufgelöst hat. Zum Kochen bringen und 2 Minuten bei schwacher Hitze köcheln, bis die Flüssigkeit dickflüssig ist. Abkühlen lassen und Bier einrühren.

3 Abgedeckt 4 Stunden in den Kühlschrank stellen, damit sich die Aromen entfalten. In das auf –18 °C gekühlte Gefrierfach stellen und gefrieren. Wenn die Masse schon einige Zentimeter am Rand gefroren ist (nach etwa 1–1,5 Stunden), aus dem Gefriergerät nehmen und mit einem Schneebesen kräftig verschlagen, dabei auch die gefrorenen Partien vom Rand mit unterschlagen. Wieder gefrieren lassen und den Vorgang in kürzeren Abständen drei- bis viermal wiederholen. Sobald die gewünschte Konsistenz erreicht ist, ist das Sorbet servierbereit.

Rezeptempfehlung von
Régis Joubert,
Chef Patissier Cercle Munster,
Brasserie Bofferding

Halbgefrorenes vom Malzbier

Zutaten: *0,75 l Malzbier (z. B. Distelhäuser Malz) | 1 Ei | 1 Eigelb | 10 g Zucker | 250 g Sahne*

Rezeptempfehlung von
Markus Ruppert, Küchenchef im Distelhäuser Brauhaus, Distelhäuser Brauerei

1 Das Malzbier in einem offenen Topf aufkochen und auf 90 ml reduzieren. Ei, Eigelb und Zucker zimmerwarm aufschlagen. Die abgekühlte Bierreduktion mit der Ei-Zucker-Masse vermengen und kaltrühren.

2 Sahne steif schlagen und unterheben. Die Masse in eine große Form oder mehrere kleinere Förmchen füllen und mindestens 24 Stunden im Tiefkühlfach gefrieren.

3 Je nach verwendeter Form die gefrorene Masse auf Dessertteller stürzen oder zum Anrichten in Scheiben schneiden. Als Dekoration eignet sich saisonales Obst.

Brauen wie die Profis

In der Distelhäuser Brauerei können seit Anfang 2013 Laien für einen Tag zum Braumeister werden und in der Brauwerkstatt ihr eigenes Bier brauen. Dafür wurde ein Sudhaus im Maßstab 1:100 nachgebaut. Vor dem Brauen stehen erst eine ausführliche Führung und eine kleine Unterrichtseinheit in Braukunde an. Wenn das Tagwerk getan ist, das Bier im Lagertank ruht und reift, dann wird bei einem schmackhaften Gericht in der Braustube angestoßen. Zum Essen werden die anderen Sorten aus dem Distelhäusersortiment verkostet, da das Selbstgebraute noch einige Zeit lagern muss. Ob Pils, Landbier, Märzen oder Dinkelbier, jeder Biergenießer wird im breit angelegten Sortiment der Brauerei »sein« Distelhäuser-Bier finden.

Ehrnspergerscher Dinkelschmarren mit Mandeln

Zutaten: *150 g feines Dinkelvollkornmehl | 175 ml Dunkelbier (z. B. Neumarkter Lammsbräu Dunkel) | Meersalz | einige Tropfen Apfeldicksaft | 2 EL Rosinen | 4 EL Mandelblättchen | 3 Eier | Butter zum Ausbacken | gemahlener Zimt | Puderzucker*

1 Mehl und Bier verrühren und mit Meersalz und Apfeldicksaft abschmecken. Den Bierteig etwa 30 Minuten quellen lassen. Währenddessen die Rosinen in Wasser einweichen und die Mandelblättchen in einer Pfanne ohne Fettzugabe rösten.

2 Eier zum Teig geben und verrühren. Butter in einer Pfanne vorsichtig erhitzen und den Teig in 2–3 Portionen zu Dinkelschmarren backen. Dazu Teig in die Pfanne geben, leicht anbacken, wenden und nochmals leicht anbacken.

3 Die Rosinen abgießen und abtropfen lassen. Mandelblättchen und Rosinen in die Pfanne zum Dinkelschmarren geben und den Schmarren mit zwei Gabeln zerreißen. Mit etwas Zimt und Puderzucker bestreuen und servieren.

Rezeptempfehlung von
Dr. Franz Ehrnsperger, Neumarkter Lammsbräu

Bio-Pioniere mit Geschmack

Für die Neumarkter Lammsbräu beginnt das Reinheitsgebot bereits auf dem Acker. »Bio« im Zusammenhang mit Bier bedeutet, dass alle Rohstoffe aus kontrolliert biologischem Anbau stammen. Gerste, Weizen und Dinkel werden ohne Agro-Gentechnik, chemische Pflanzenschutzmittel und Kunstdünger erzeugt. Bereits 1995 hat die Neumarkter Lammsbräu ihr ganzes Sortiment auf Bio umgestellt. Damit sind sie die Pioniere der Bio-Biere, die immer mehr Genießer als Fans finden.

Bière brûlée mit marinierten Beeren

Zutaten: *½ l Dunkelbier (z. B. Schwarzbräu Dunkel Export) | 60 g Zucker | 300 g Sahne | 7 Eigelb | 1 Msp. Vanillemark | brauner Zucker | 300 g frische Beeren (z. B. Erdbeeren, Heidelbeeren, Brombeeren) | 50 ml Zitronensaft | 100 g Puderzucker | einige Blätter frische Minze*

1 Bier in einem offenen Topf aufkochen und auf 250 ml reduzieren. Abkühlen lassen und Zucker, Sahne, Eigelb und Vanillemark unterrühren.

2 Backofen auf 120 °C vorheizen. Die Masse in ofenfeste Förmchen füllen und auf ein tiefes Backblech stellen. Das Blech knapp 1 cm hoch mit Wasser füllen, um während des Backens eine gleichmäßige feuchte Hitze zu erhalten. Im Backofen etwa 30 Minuten garen. Leicht abkühlen lassen, mit braunem Zucker bestreuen und mit einem Gasbrenner karamellisieren.

3 Beeren waschen, säubern und in eine Schüssel geben. Mit Zitronensaft und Puderzucker vermengen und auf die Bière brûlée geben. Als Dekoration je ein Minzblatt darauflegen.

Rezeptempfehlung von
von Thassilo Eyrainer, Mitinhaber des Restaurants Magnolia in Augsburg, Schwarzbräu

Malz aus eigener Hand

Als eine der letzten Brauereien in Deutschland erzeugt Schwarzbräu aus Zusmarshausen das Malz für seine Bierspezialitäten selbst. Aus regionaler Gerste entsteht in der hauseigenen Mälzerei das Malz für den Eigenverbrauch. Die Gerste bekommt eine lange Keimruhe, das Malz eine ausgiebige Malzruhe und das Bier wird nach 14-tägiger Gärung rund fünf bis sechs Wochen gelagert. In dieser Brauerei ist der Braumeister auch der Mälzer und kennt sein Bier genauso gut wie sein Malz.

Ausgewählte Biermenüs

Vorspeisen | *Hauptspeisen* | *Desserts*

Bierschaumsuppe mit Gerstennockerln

Zutaten:

Für die Bierschaumsuppe: 1 Kartoffel | 1 Flasche Helles (z. B. Alpirsbacher Spezial) | 250 g Sahne | 50 g Butter | ¼ l Fleischbrühe | geriebene Schale einer unbehandelten Zitrone | frisch geriebene Muskatnuss | Salz | schwarzer Pfeffer | 1 Prise Zucker | 1 Prise gemahlener Zimt | 3 Eigelb

Für die Gerstennockerln: 50 g Butter | 1 Ei | 50 g Gerstenmehl | 1 EL Sesam Koriander | gemahlener Zimt

1 Kartoffeln schälen und klein schneiden. Zusammen mit jeweils der Hälfte des Bieres, der Sahne und der Butter in die Brühe geben und 20 Minuten zugedeckt kochen. Die Zitronenschale und Gewürze unterrühren. Die Eigelbe mit dem restlichen Bier vermengen und in die nicht mehr kochende Suppe einrühren. Die restliche Butter hineingeben und mit dem Mixer verquirlen, damit die Suppe schön sämig wird. Vor dem Servieren erneut erhitzen, jedoch nicht mehr kochen lassen.

2 Für die Nockerln die zimmerwarme Butter und das Ei vermengen, das Mehl und den Sesam Koriander dazugeben. Einen großen Topf mit Salzwasser zum Kochen bringen, dann die Hitze reduzieren. Mit zwei Löffeln Nockerln formen und ins Wasser gleiten lassen. Nach 6 Minuten mit einem Schaumlöffel herausnehmen und in die Bierschaumsuppe geben.

3 Die restliche Sahne steif schlagen. Die Suppe mit je einem Löffel Sahne und etwas Zimt bestreut servieren.

Rezeptempfehlung von
Carl Glauner,
Alpirsbacher Klosterbräu

Bierempfehlung
Alpirsbacher Klosterbräu Spezial

Wildente mariniert mit Salbei und Starkbier

Zutaten: *2 l Kloster Starkbier | 2 Wildenten (vom Geflügelhändler vorbereitet) | 1 kg Heidelbeeren | 500 g Sahne | 1 Eiweiß | 4 Salbeiblätter | 250 g Champignons | 250 g Butter | 8 große Kartoffeln | 1 große Zwiebel | 50 g Mehl | 50 ml Milch | Rübchen | Rote Bete | Frittierfett | Salz, Pfeffer*

Rezeptempfehlung von
Carl Glauner,
Alpirsbacher Klosterbräu

Bierempfehlung
Alpirsbacher Klosterbräu
Kleiner Mönch

1 Die Marinade aus 500 g Heidelbeeren und 1 Liter Kloster Starkbier wird 3 Tage vorher zubereitet. Sie wird 5 Minuten zusammen aufgekocht und dann kühl aufbewahrt.

2 Die Enten säubern und von Federkielen befreien. Am Vortag der Zubereitung wird die größere der beiden Wildenten ausgelöst. Knochen und Haut entfernen, das Entenfleisch in grobe Stücke schneiden. Das ausgelöste Entenfleisch mit Salz und Pfeffer würzen und der durchgesiebten Marinade bestreichen.

3 Am Tag der Zubereitung wird die Füllung hergestellt, dafür müssen die Zutaten gut gekühlt sein (max. 4 °C). Die marinierten Entenwürfel, 400 g Sahne, Eiweiß, Salbeiblätter, Salz und Pfeffer werden im Mixer zu einer Farce zerkleinert. Die Farce durch ein Sieb streichen, um die Sehnen zu entfernen.

4 Die zweite Ente mit Salz und Pfeffer würzen und mit der Entenfarce füllen, mit Holzspießchen zustecken und binden. Die Ente in einen auf ca. 225 °C vorgeheizten Backofen schieben und 35 Minuten garen. Die ausgelösten Knochen, Haut und die Innereien mit garen.

5 Die Champignons in Butter schwenken. Die Ente aus dem Ofen holen und warm stellen. Den Bräter mit der Marinade und dem Rest Sahne ablöschen. Das Ganze 15 Minuten aufkochen und die Sauce durch ein Sieb passieren. Die Champignons ohne das Fett und den Rest der Heidelbeeren zugeben. Die Kartoffeln kochen und zu Püree verarbeiten. Die Zwiebelringe in Milch und Mehl tunken und in der Fritteuse ausbacken.

6 Die Ente auf einer Platte anrichten und mit etwas Sauce übergießen. Das Kartoffelpüree auf den Teller geben und mit Zwiebelringen bestreuen. Eine Ecke des Tellers mit einem Häufchen Heidelbeeren, Rübchen und Roter Bete garnieren, die gerade aus dem Gefrierschrank kommt. Der darauf kondensierende Reif erinnert an Tau.

Gratin vom jungen Kohlrabi in Mönchbier-Sauce

Zutaten: *750 g Kohlrabi | 400 g Sahne | Salz | 1 Prise Zucker | 2 TL Butter | 2 TL Mehl | frisch geriebene Muskatnuss | 8 EL helles Bier (z. B. Alpirsbacher Kleiner Mönch) | einige zarte Kohlrabiblätter | 75 g Emmentaler, gerieben | frisch gemahlener Pfeffer*

Rezeptempfehlung von
Carl Glauner,
Alpirsbacher Klosterbräu

Bierempfehlung
Alpirsbacher Klosterbräu Kleiner Mönch

1 Kohlrabi schälen und in nicht zu dicke Scheiben schneiden. Sahne mit Wasser, Salz und Zucker aufkochen und die Scheiben 10 Minuten darin garen. Aus dem Sud nehmen und abtropfen lassen; den Sud aufheben. Die Scheiben dachziegelartig in eine flache Auflaufform legen. Backofen auf 200 °C vorheizen.

2 Aus der Butter, dem Mehl und dem Kohlrabisud, eine Mehlschwitze bereiten und mit Muskatnuss und eventuell Hefestreuwürze abschmecken. Das Bier unterrühren und die Sauce zu 4/5 über das Gemüse gießen.

3 Die Kohlrabiblätter in Streifen schneiden, auf dem Kohlrabi-Gratin verteilen und mit dem geriebenen Käse bestreuen. Den Rest der Sauce darübergießen und auf mittlerer Schiene im Backofen etwa 30 Minuten goldbraun backen. Vor dem Servieren Pfeffer darübermahlen.

Emil – Bierkutscher mit Zielwasser

»Emil Stopp!« – dieser Befehl steht auf einem alten Schild, das im Hof der Alpirsbacher Klosterbräu hängt. Emil hieß der Bierfahrer, der mit seinem Pferdewagen früher das Bier der Brauerei im Ort auslieferte. An jeder Abladestation wartete ein Bier »zur Stärkung« auf Emil. Das war damals so üblich. Um zu schauen, wie es um Emils Zustand nach den Freibieren bestellt war, und ob er noch eine zweite Runde ausliefern konnte, wurde das Schild montiert. Wenn er nicht genau an dem Schild hielt, seine Pferde nicht punktgenau zum Stehen brachte, dann war die Schicht für Emil beendet. Gelang ihm, oder vielleicht auch seinen klugen Pferden, dieses, dann wurde sein Fuhrwagen beladen und eine zweite Runde mit bierigen Erfrischungen konnte ausgefahren werden.

Bierstrudel mit Apfel-Rosinen-Füllung

Zutaten: *125 ml Pils | 300 g Mehl | Salz | 1 Ei | 2 EL Öl plus Öl zum Bestreichen | ½ kg Äpfel | 50 g Rosinen | 80 g Butter | 100 g Zucker | gemahlener Zimt | 125 g Sahne | Puderzucker*

1 Das Bier auf lauwarme Temperatur bringen. Mehl auf eine Tischplatte sieben, etwas Salz darauf streuen, das Ei und das Öl hinzugeben und mit dem lauwarmen Bier und so viel Wasser durchkneten, dass ein elastischer Teig entsteht. So lange kneten, bis der Teig seidenglatt ist. Eine Rolle daraus formen, diese mit etwas Öl bestreichen, einen angewärmten Topf darüberstülpen und den Teig eine halbe Stunde ruhen lassen. Den Teig auf einem mit Mehl bestäubten Tuch leicht ausrollen und mit bemehlten Händen oder Handrücken vorsichtig ausziehen, bis er papierdünn ist. Die dickeren Ränder abschneiden.

2 Äpfel schälen, vierteln, entkernen und in sehr dünne Scheiben schneiden. Rosinen waschen und trocknen. Butter erhitzen und den ausgezogenen Teig damit beträufeln. Backofen auf 200 °C vorheizen und ein Backblech einfetten. Rosinen, Apfelscheiben, Zucker und Zimt vermengen und gleichmäßig auf dem Teig verteilen. Sahne steif schlagen und auf die Rosinenmischung streichen. Den Teig zu einer festen Rolle formen, auf das Backblech legen und im Backofen bei 200 °C etwa 25 Minuten goldbraun backen. Abschließend mit Puderzucker bestäuben und servieren.

Rezeptempfehlung von
Carl Glauner,
Alpirsbacher Klosterbräu

Bierempfehlung
Alpirsbacher Klosterbräu Pils

Feldsalat im Bierdressing mit Speckcroûtons und Heidelbeeren

Zutaten: *200 g Feldsalat | 100 g Frisée oder Radicchio | ½ l Dunkelbier (z. B. Darmstädter Märzen dunkel) | 1 TL Kümmel | 1 Zweig Rosmarin | 150 ml Apfelessig | 100 ml Sonnenblumenöl | 100 ml Walnussöl | 1 TL Tannenhonig | Salz | frisch gemahlener Pfeffer | 150 g Toastbrot | 250 g Speck, fein gewürfelt | 200 g frische Heidelbeeren*

Rezeptempfehlung von
Thilo Hanke,
Küchenmeister und Inhaber
Bräustüb'l,
Darmstädter Privatbrauerei

1 Feldsalat und Frisée waschen und trockenschleudern. Das Bier im Topf erhitzen, Kümmel und Rosmarin zugeben und vorsichtig auf die Hälfte der Menge reduzieren. Abkühlen lassen, durch ein feuchtes Tuch passieren und mit dem Essig mischen. Beide Öle unterziehen und kräftig schlagen. Mit Honig, Salz und Pfeffer abschmecken.

2 Toastbrot entrinden und in gleichmäßige Würfel schneiden. Speck in der Pfanne auslassen und das Brot in dem Fett knusprig braten, dann warm stellen.

3 Den Salat im Bierdressing wälzen, abtropfen lassen und in tiefen Tellern anrichten. Die warmen Speckcroûtons daraufsetzen und die Heidelbeeren auf dem Salat verteilen.

Lammrücken im Biermantel mit Bierzwiebeln und Beluga-Linsen

Zutaten:

Für den Lammrücken im Biermantel: 2 Eier | 250 g Weizenmehl | 100 ml Milch | Salz | 1½ l Kellerbier (z. B. Braustub'l Naturtrüb) | 250 g Bratwurstbrät | 600 g küchenfertige Lammrücken (Knochen mitgeben lassen) | schwarzer Pfeffer | 3 EL Olivenöl
Für die Bierzwiebeln: 100 g Rohrzucker | Koriandersamen | 600 g Zwiebeln | Chilifäden
Für die Beluga-Linsen: 150 g schwarze Linsen (Beluga-Linsen) | 2 Knoblauchzehen | 1 TL Balsamico | 1 Bund Bohnenkraut
Für die Sauce: 150 g Karotten | 100 g Sellerie | 50 g Zwiebeln | 1 EL Tomatenmark | 3 Wacholderbeeren | 2 Lorbeerblätter | 1 EL Fenchelsamen | 50 g eiskalte Butter

1 Eier, Mehl, Milch, etwas Salz und 100 ml Bier zu einem Pfannkuchenteig verrühren. Den Teig kurz ruhen lassen, dann dünne Pfannkuchen backen. 300 ml Bier mit dem Bratwurstbrät mischen und gut durchkneten. Lammfleisch entsprechend der Anzahl Pfannkuchen in gleichmäßig große Stücke schneiden, mit Salz und Pfeffer würzen und in 1 EL Olivenöl anbraten. Aus der Pfanne nehmen und abtropfen lassen.

2 Backofen auf 80 °C vorheizen. Pfannkuchen dünn mit dem Brät bestreichen und das Fleisch darin einzeln einwickeln. Die Pfannkuchenrouladen in Klarsichtfolie und danach in Alufolie einrollen. Im Backofen 25 Minuten garen.

3 Rohrzucker und Koriandersamen im Topf karamellisieren und mit 0,5 Liter Bier ablöschen. Die Zwiebeln in feine Streifen schneiden, zugeben und bei geringer Hitze etwa 30 Minuten schmoren. Mit Salz, Pfeffer und Chilifäden abschmecken.

(Fortsetzung nächste Seite)

Rezeptempfehlung von
Thilo Hanke,
Küchenmeister und Inhaber
Bräustüb'l,
Darmstädter Privatbrauerei

Lammrücken im Biermantel mit Bierzwiebeln und Beluga-Linsen

(Fortsetzung)

Rezeptempfehlung von
Thilo Hanke,
Küchenmeister und Inhaber
Bräustüb'l,
Darmstädter Privatbrauerei

4 Linsen bissfest kochen (etwa 20 Minuten) und in einem Sieb abschrecken. Knoblauch klein schneiden und zusammen mit Essig, dem restlichen Öl, Salz, Pfeffer und dem Bohnenkraut unter die Linsen rühren. Abschmecken und wieder warm stellen.

5 Die Knochen im Topf oder Backofen rösten. Karotten, Sellerie und Zwiebeln putzen und klein schneiden. Zusammen mit etwas Tomatenmark zu den Knochen geben und ebenfalls rösten. Mit dem restlichen Bier ablöschen, reduzieren und mit etwas Wasser aufgießen. Wacholderbeeren, Lorbeerblätter und Fenchelsamen zugeben und nochmals aufkochen. Sauce durch ein Tuch in einen Topf passieren, den Bratensaft des Lammrückens zugeben und zur gewünschten Konsistenz einkochen. Die in Stücke geschnittene Butter mit dem Schneebesen in die Sauce einrühren, damit sie schön sämig wird. Nicht mehr kochen lassen.

6 Lammrücken aufschneiden und auf den Zwiebeln anrichten. Sauce angießen und die Linsen darüberstreuen.

Malzbier-Mousse auf Apfel-Vanille-Kompott

Zutaten:

Für die Malzbier-Mousse: ½ l Malzbier | 2 Zimtstangen | 2 Wacholderbeeren | 200 g Schmand | 4 Blatt weiße Gelatine | 200 g Sahne | 4 Äpfel | 3 EL Apfelwein | 500 ml naturtrüber Apfelsaft | 50 g brauner Zucker | 2 Sternanis | 3 Macis (Muskatblüte) | Mark einer Vanilleschote | 2 cl Apfelbrand | 1 EL gehackte Mandeln

Rezeptempfehlung von
Thilo Hanke,
Küchenmeister und Inhaber
Bräustüb'l,
Darmstädter Privatbrauerei

1 Malzbier mit Zimt und Wacholderbeeren aufkochen und auf die Hälfte reduzieren. Schmand im Topf auf eine mäßig warme Temperatur bringen und mit dem reduzierten Bier verrühren. Gelatine einweichen, ausdrücken und vorsichtig auf dem Herd schmelzen; sie darf nicht kochen. Sahne steif schlagen. Etwas von der Schmandmischung in die Gelatine rühren und zusammen mit der Sahne unter die restliche Schmandmischung ziehen; mindestens 3 Stunden kalt stellen.

2 Äpfel schälen, entkernen und in grobe Würfel schneiden. Apfelwein, Apfelsaft, Zucker, Sternanis und Macis zugeben, reduzieren und durch ein feines Sieb passieren. Apfelstücke zugeben und nochmals aufkochen. Vanillemark und Apfelbrand zugeben.

3 Mandeln in einer Pfanne trocken anrösten und unter das abgekühlte Kompott heben. Kompott mit einer Nocke Mousse servieren. Dazu passt wunderbar eine Kugel Schokoladeneis.

Knusprige Boulettchen mit Altbier

Zutaten: *80 g Karotte | 40 g Sellerie | 100 g Zwiebelwürfel | 500 g Gehacktes (halb und halb) | 100 ml Altbier (z. B. Barre Alt) | 1 Ei | 30 g scharfer Senf | 10 g Salz | 10 g frisch gemahlener Pfeffer | 100 g Paniermehl | Butterschmalz zum Braten*

1 Die Zwiebel schälen. Karotte und Sellerie putzen. Das Gemüse in sehr kleine Würfel schneiden und mit dem Gehackten gut vermengen. Dann das Altbier, das Ei und das Paniermehl zugeben und die Fleischmasse mit Senf, Salz, Pfeffer abschmecken.

2 Aus dem Hackfleisch kleine Bouletten formen. Das Schmalz in einer Pfanne erhitzen und die Boulettchen braten.

Rezeptempfehlung von
Swen Thurmann,
Küchenchef in Barre's Brauwelt,
Privatbrauerei Ernst Barre

Viel Engagement für Barre's Brauwelt

In Barre's Brauwelt gibt es viel zu entdecken: Alte Maschinen, Werkzeuge, Fahrzeuge und antiquierte Bierkrüge erzählen von der Geschichte der traditionsreichen Familienbrauerei aus Lübbecke. Doch bis man dieses einzigartige Museum im Gewölbe des alten Lagerkellers besuchen konnte, war es ein langer Weg. Der historische Gär- und Lagerkeller bestand aus Kalksandstein und Brandziegeln. Dreizehn Gewölbe, jedes fünfeinhalb Meter breit und zwölf Meter lang und mit einer Scheitelhöhe von ungefähr sechs Metern, galt es zunächst vom Kalkputz zu befreien und die historischen Ziegelwände wurden anschließend wieder freigelegt. Dieser langwierigen und mühsamen Aufgabe widmeten sich tatkräftig die Mitglieder des »Barre Seniorenclubs« – ehemalige Mitarbeiter, die sich der Brauerei auch im Ruhestand stark verbunden fühlen. Nach zehn Jahren Arbeit musste das ganze Gebäude mit einer Gesamtfläche von 1000 Quadratmetern trockengelegt werden. Erst danach konnte mit den Feinarbeiten begonnen werden, die von regionalen Handwerksbetrieben unterstützt wurden. Für eine schnelle Verbindung zwischen der »neuen und der alten Brauerei« wurde der unter der B 239 entlang laufende Tunnel ebenfalls wieder instand gesetzt. Nach erfolgreicher Fertigstellung konnte die »Barre's Brauwelt« im Oktober 2001 feierlich eröffnet werden, erfreut sich weit über die Grenzen Lübbeckes hinaus großer Beliebtheit und ist einen Besuch wert.

Krustenbraten mit Bier-Sauce an Alsterkraut

Zutaten:

Für den Braten: 1 Zwiebel | 1 Karotte | 1 Stück Sellerie | 1 Stange Lauch | 1 kg Schinkenkrustenbraten mit Schwarte | Salz | frisch gemahlener Pfeffer | ½ l Dunkelbier (z. B. Barre Dunkel) | 1 EL Zucker | Stärke zum Andicken
Für das Alsterkraut: 50 g Zwiebeln | 50 g Speck, gewürfelt | Butterschmalz zum Braten | 850 ml Sauerkraut | 1 Flasche Alster (z. B. Barre Alster)

1 Den Backofen auf 180 °C vorheizen. Für den Braten die Zwiebel schälen. Karotte, Sellerie und Lauch putzen, in kleine Stücke schneiden und in einen Bräter geben.

2 Den Braten mit Salz und Pfeffer würzen, auf das Gemüse setzen und im Backofen etwa 1 Stunde garen. Vom Dunkelbier 200 ml beiseitestellen. Vom Rest alle 10 Minuten etwas über den Braten gießen.

3 Zucker in einem Topf unter Rühren leicht karamellisieren. Mit dem beiseitegestellten Dunkelbier ablöschen. Den Bratenbiersud auf den Karamell geben und 10 Minuten kochen. Eventuell mit der angerührten Stärke andicken.

4 Für das Alsterkraut die Zwiebeln fein würfeln und zusammen mit dem Speck in einem großen Topf in Schmalz anschwitzen. Das Sauerkraut dazugeben. Alster angießen und 30 Minuten leicht köcheln lassen.

Rezeptempfehlung von
Swen Thurmann,
Küchenchef in Barre's Brauwelt,
Privatbrauerei Ernst Barre

Apfelringe im Lübbecker Bierteig

Zutaten: *2 Eier | 0,2 l Pils (z. B. Barre Pilsener) | 40 g Öl | 200 g Mehl plus Mehl zum Mehlieren | 50 g Zucker | Prise Salz | 4 Äpfel | 1 l Öl*

Rezeptempfehlung von
Swen Thurmann,
Küchenchef in Barre's Brauwelt,
Privatbrauerei Ernst Barre

1 Eier trennen und das Eiweiß zu Eischnee schlagen. Bier, Öl, Mehl, Zucker und Salz in eine Schale geben, dabei 2 EL Mehl zurückbehalten. Zutaten verrühren und den Eischnee vorsichtig unterheben. 30 Minuten kalt stellen.

2 Äpfel waschen, ausstechen und in Ringe schneiden. Die Apfelringe mehlieren. Öl in einem großen Topf auf 170 °C erhitzen. Die mehlierten Apfelringe in den kalten Bierteig tauchen und dann vorsichtig in das heiße Fett geben.

3 Nach 3 Minuten die Apfelringe drehen. Nach weiteren 3 Minuten aus dem Fett nehmen und auf Küchenpapier abtupfen. Auf einem Teller mit einer Kugel Vanilleeis servieren und mit Zimt und Zucker bestreuen.

Feldsalat mit Weizenbierdressing und Brioche

Zutaten:

Für die Brioche: 250 g Mehl | 25 g Zucker | 175 g Butter | 1 TL Salz | 30 g frische Hefe | 3 Eier

Für den Feldsalat mit Weizenbierdressing: 250 g Feldsalat | 1 Schalotte | 2 EL Pflanzenöl | 1 EL weißer Balsamico | 4 EL Hefeweizenbier (z. B. Ganter Weizen hefehell) | Salz | frisch gemahlener Pfeffer

1 Alle Zutaten für die Brioche in einer Schüssel zu einem Teig kneten. Etwa 1 Stunde ruhen lassen, nochmals gut durchkneten. In eine gefettete und mehlierte Form geben und erneut 1 Stunde ruhen lassen. Währenddessen den Backofen auf 170 °C vorheizen und die Brioche etwa 25 Minuten backen.

2 Den Feldsalat waschen und trockenschleudern. Die Schalotte schälen und in feine Würfel schneiden. Zusammen mit dem Öl, dem Balsamico und dem Bier zu einer Sauce verrühren und mit Salz und Pfeffer abschmecken. Das Dressing mit dem Salat vermengen.

3 Den Salat jeweils mit einer Scheibe Brioche auf einem Teller angerichtet servieren.

Rezeptempfehlung von
Roland Schwenk,
Cookery, Brauerei Ganter

Umhülltes Seezungenfilet mit Koriander-Mayonnaise

Zutaten:

Für den Fisch: 125 ml helles Bier (z. B. Ganter Spezial Export) | 100 g Mehl plus Mehl zum Bestäuben | 2 Eier | 8 Seezungenfilets | Salz | frisch gemahlener Pfeffer | Öl zum Ausbacken

Für die Koriander-Mayonnaise: 1 Eigelb | 2 g Salz | 2 g Senf | 100 ml Öl | 1 Bund Koriandergrün

Rezeptempfehlung von
Roland Schwenk,
Cookery, Brauerei Ganter

1 Bier mit Mehl und Eiern zu einem Teig rühren. Die Fischfilets abspülen und trockentupfen, dann salzen und pfeffern. Öl in einer Pfanne erhitzen. Etwas Mehl auf einen flachen Teller geben und die Filets zuerst im Mehl wenden, dann in den Bierteig legen und wenden, sodass das Filet gut von Teig umhüllt ist, und im heißen Öl ausbacken.

2 Für die Koriander-Mayonnaise Eigelb, Salz und Senf in einer Schüssel verschlagen. Unter kräftigem Rühren das Öl langsam einfließen lassen. Koriander waschen, fein schneiden und unter die Mayonnaise geben. Dazu schmecken Salzkartoffeln.

Apfelsalat mit aromatischer Braugerste

Zutaten: *80 g Gerste | 1 Apfel (ca. 120 g) | 2 Frühlingszwiebeln | Salz | frisch gemahlener Pfeffer | Öl | weißer Balsamico*

Rezeptempfehlung von
Roland Schwenk,
Cookery, Brauerei Ganter

1 Gerste in der doppelten Menge Wasser etwa 2 Stunden einweichen, aufkochen und 30 Minuten bei schwacher Hitze ausquellen lassen. Währenddessen den Apfel waschen und in kleine Würfel schneiden sowie die Frühlingszwiebeln putzen und in feine Ringe schneiden.

2 Wenn die Gerste weich ist, absieben, mit Apfel und Frühlingszwiebel vermengen und mit Salz, Pfeffer, Öl und Essig abschmecken.

Feiern beim Ganter-Open-Air

Einmal im Jahr wird es im Innenhof der Brauerei Ganter so richtig laut: wenn Stars wie Simply Red oder Diana Ross beim Ganter-Open-Air auftreten. Der mehrtägige Event wurde von der Brauerei erstmals zum 140. Jubiläum ausgerichtet und fand überwältigenden Anklang bei den Freiburgern. Seitdem ist das Ganter-Open-Air eine feste Größe und überrascht seine Besucher mit Weltstars wie Supertramp oder dem schrägen Schlagerbarden Dieter Thomas Kuhn – natürlich erst nach dem traditionellen Fassanstich, mit dem jedes Ganter-Open-Air eröffnet wird.

Granatapfel-Stammwürzeparfait mit Hopfenschokoladen-Sauce

Zutaten:

Für das Granatapfel-Stammwürzeparfait: 1 Ei | 2 Eigelb | 35 g Zucker | 125 g Sahne | 2 cl Stammwürze | ½ Granatapfel
Für die Hopfenschokoladen-Sauce: 15 g Naturhopfen | 150 ml Milch | Schale einer unbehandelten Zitrone | 100 g zartbittere Schokolade

1 Ei zusammen mit Eigelben und Zucker in einer Schüssel über dem Wasserbad heiß aufschlagen, bis die Masse stockt. Unter Rühren erkalten lassen. Sahne steif schlagen und zusammen mit der Stammwürze vorsichtig unter die Masse heben. In Förmchen füllen, die Kerne aus dem Granatapfel lösen und darüberstreuen. Für 3 Stunden in das Gefriergerät stellen.

2 Den Hopfen in der Milch auflösen und mit der Zitronenschale zum Kochen bringen. Vom Herd nehmen, durch ein Sieb seihen und die in Stücke gebrochene Schokolade darin auflösen.

3 Das Parfait portionieren und zusammen mit der Sauce servieren.

Rezeptempfehlung von
Roland Schwenk,
Cookery, Brauerei Ganter

Fränkisches Weißbier-Süppchen mit Laugencroûtons

Zutaten: *40 g Butter plus Butter zum Anbraten | 30 g Mehl | 1 EL Zucker | 2 Flaschen Weißbier (z. B. Maisel's Weisse Alkoholfrei) | 1 Stange Zimt | 2 Kardamomkapseln | Salz | Schale einer unbehandelten Zitrone | 2 EL Schmand | frisch gemahlener Pfeffer | 2 Laugenbrezeln | Petersilie, gehackt*

Rezeptempfehlung von
Jeff Maisel,
Brauerei Gebr. Maisel

1 Aus der Butter und dem Mehl eine dunkle Mehlschwitze herstellen, Zucker unterrühren und dunkel werden lassen. Bier mit Zimtstange, Kardamomkapseln, einer Prise Salz und der Zitronenschale zum Kochen bringen. Den noch kochenden Biersud zur Mehlschwitze gießen und unter ständigem Rühren erneut aufkochen. Schmand unterrühren und nach Belieben mit etwas Salz und Pfeffer nachwürzen.

2 Die Laugenbrezeln in dünne Scheiben schneiden und in etwas Butter anbraten. Die Suppe in Teller geben, mit den Laugenchips dekorieren und mit etwas Petersilie garnieren.

Maisel's Rekord-Museum

Das Stammhaus der Brauerei Gebrüder Maisel in Bayreuth wurde 1887 von Hans und Eberhardt Maisel gegründet und war fast 100 Jahre, bis 1974, in Betrieb. Der zinnengeschmückte Industriebau aus der Gründerzeit wurde trotz neuer Gebäude erhalten und umfasst 20 Räume, die sich auf 2.400 m² erstrecken. Aus der ehemaligen Brauerei wurde ein Museum, das alle Stadien des damaligen Brauprozesses widerspiegelt – vom Sudhaus bis zum Lagerkeller. Alle historischen Originalbrauanlagen und die Büttnereiwerkstatt sind vollständig erhalten. Bereits 1988 wurde das Museum als »umfangreichstes Biermuseum« im Guinness-Buch der Rekorde eingetragen. Dazu beigetragen haben auch 5.500 Biergläser und -krüge und mehr als 500 Emaille-Brauereischilder, die größte Sammlung ihrer Art.

Wels im Bierteig gebacken mit Rahmwurzelgemüse

Zutaten:

Für den Wels im Bierteig: 4 Welsfilets | Honig | Saft einer halben Zitrone | Salz | frisch gemahlener Pfeffer | 100 g Mehl plus Mehl zum Bestäuben | 2 Eier | 100 ml Weißbier (z. B. Maisel's Weisse Original) | Butterschmalz zum Anbraten

Für das Rahmgemüse: 500 g Wurzelgemüse (je nach Vorliebe: Karotten, Sellerie, Schwarzwurzel) | 1 Zwiebel | Butterschmalz zum Anbraten | 200 g Sahne | Salz | frisch gemahlener Pfeffer | Cayennepfeffer | evtl. etwas Milch | Kräuter, gehackt | 1 EL Butter

Rezeptempfehlung von
Jeff Maisel,
Brauerei Gebr. Maisel

1 Die Fischfilets abspülen und trockentupfen. Honig, Zitronensaft, Salz und Pfeffer vermischen und die Filets damit bestreichen. Mehl, Eier, Bier und 1 Prise Salz zu einem dickflüssigen Teig verrühren.

2 Etwas Mehl auf einen flachen Teller geben und die marinierten Filets zuerst im Mehl wenden, dann durch den Teig ziehen, sodass das Filet gut von Teig umhüllt ist. Den Vorgang eventuell wiederholen, bis der gesamte Fisch mit Bierteig bedeckt ist.

3 Butterschmalz in einer Pfanne erhitzen und die Filets darin goldgelb braten.

4 Gemüse putzen und in feine Streifen schneiden, Zwiebel würfeln. Butterschmalz in einer Pfanne erhitzen und das Gemüse und die Zwiebelwürfel darin anbraten. Sahne zugeben, mit Salz, Pfeffer und etwas Cayennepfeffer würzen. 5 Minuten köcheln lassen, bis die Sahne etwas andickt. Eventuell mit etwas Milch verlängern und nochmals abschmecken. Die gehackten Kräuter und die Butter zugeben und leicht durchrühren.

5 Gemüse auf dem Teller anrichten und jeweils ein Filet daraufsetzen. Dazu passen Salzkartoffeln oder Kartoffelrösti.

Weißbier-Tiramisu mit Waldbeer-Sauce

Zutaten:

Für das Weißbier-Tiramisu: 3 Blätter Gelatine | 4 Eier | 120 g Zucker | 1 Flasche Dunkelbier (z. B. Maisel's Weisse Dunkel) | Mark einer Vanilleschote | 500 g Mascarpone | 200 g Sahne | 1 Prise Salz | 12 Löffelbiskuits

Für die Waldbeer-Sauce: 250 g Waldbeeren | 80 g Puderzucker | 2 TL Zitronensaft

1 Gelatine einweichen und ausdrücken. Eier trennen und das Eiweiß kaltstellen. Eigelb mit 80 g Zucker und 150 ml Bier verrühren und über einem Wasserbad schaumig aufschlagen, dabei das Mark der Vanilleschote zugeben. Die Creme vom Wasserbad nehmen und die eingeweichte Gelatine darin auflösen. Mascarpone mit dem Schneebesen vorsichtig unterrühren, und die Masse abkühlen lassen, bis sie zu gelieren beginnt.

2 Sahne steif schlagen. Eiweiß mit einer Prise Salz und dem restlichen Zucker ebenfalls steif schlagen. Beides abwechselnd unter die Mascarpone-Masse heben.

3 Die Löffelbiskuits mit dem restlichen Bier tränken und jeweils drei Biskuits in ein hohes Dessertglas stellen. Die Mascarpone-Masse idealerweise mit einem Spritzbeutel zu den Löffelbiskuits in die Gläser füllen. Die gefüllten Gläser mindestens 4 Stunden abgedeckt kalt stellen.

4 Waldbeeren mit Zucker und Zitronensaft mischen und mit dem Pürierstab zu einer Fruchtsauce pürieren. Eventuell mit etwas Zucker oder Zitronensaft abschmecken und auf die mit Tiramisu gefüllten Gläser geben.

Rezeptempfehlung von
Jeff Maisel,
Brauerei Gebr. Maisel

Saiblingspraline in der Weißbieressenz

Zutaten: *2 kleine, küchenfertige Saiblingsfilets | 1 Zitrone | 1 Ei | 60 g Sahne | Salz | frisch gemahlener Pfeffer | 1 EL Basilikum, grob gehackt | ½ Tasse gemahlene Haselnüsse | ¼ l Weißbier (z. B. Sebastian Riegele's Weisse) | 3 EL Zucker | 2 TL Balsamico | 4 essbare Blüten*

Rezeptempfehlung von
Josef Unertl, Küchenchef
Riegele Wirtshaus
Brauhaus Riegele, Augsburg

1 Die Fischfilets abspülen und trockentupfen. Mit einem scharfen Messer die Haut von den Filets abziehen und die Filets grob zerschneiden. Zitrone auspressen und die Hälfte des Saftes zusammen mit Ei, Sahne, Salz, Pfeffer und Basilikum in ein hohes Gefäß geben. Mit einem Pürierstab zu einer homogenen Masse pürieren. Sollte die Masse zu dick werden, etwas Sahne nachgeben.

2 Zum Formen der Pralinen entweder Pralinenformen aus Silikon verwenden oder die Masse von Hand zu kleinen Kügelchen formen. Hierfür die Pralinenformen mit den gemahlenen Nüssen ausstreuen und die Fischmasse mit einem Teelöffel hineingeben. Alternativ die von Hand geformten Kügelchen in den gemahlenen Nüssen wälzen und auf ein mit Backpapier belegtes Backblech setzen.

3 In dem auf 110 °C vorgeheizten Backofen etwa 15 Minuten backen und auskühlen lassen.

4 Das Bier mit dem Zucker zum Kochen bringen und auf die Hälfte reduzieren. Nach dem Abkühlen mit Balsamico, Salz, Pfeffer und der restlichen Zitrone verrühren und abschmecken. Eine kleine Menge Essenz auf Desserteller verteilen und jeweils drei bis vier Saiblingspralinen darauflegen.

5 Mit gemahlenem Pfeffer bestreuen und essbaren Blüten dekorieren.

RIEGELE

Augsburger Weißbier-Kalbshaxe mit Pfifferlingen

Zutaten: *1 hintere Kalbshaxe | Salz | frisch gemahlener Pfeffer | 2 mittelgroße Rosmarinzweige | 2 EL Olivenöl | 1 Karotte | 100 g Sellerie | 2 Zwiebeln (je ca. 50 g) | ½ l Brühe | 70 g Pfifferlinge | 1 Prise Ingwer | 4 Tomaten | 2 Zweige Orangenthymian | 2 EL Zucker | 1 Sternanis | ½ l Weißbier (z. B. Sebastian Riegele's Weisse) | 3 EL Speisestärke | etwas guter Balsamico oder Bierbalsamico*

Rezeptempfehlung von
Josef Unertl, Küchenchef
Riegele Wirtshaus
Brauhaus Riegele, Augsburg

Bierempfehlung
Weißbier – Riegele

1 Die Kalbshaxe von allen Seiten reichlich mit Salz und Pfeffer würzen. Die Rosmarinzweige zwischen den Knochen und das Fleisch stecken und die Haxe abgedeckt über Nacht in den Kühlschrank legen.

2 Am nächsten Tag das Olivenöl in einen Bräter oder Schmortopf geben und die Haxe von allen Seiten gut anbraten. Karotte, Sellerie und Zwiebeln putzen und klein würfeln. Zum Fleisch geben und ebenfalls anbraten. Fleisch und Gemüse mit der Brühe ablöschen und abgedeckt bei mittlerer Hitze etwa 1,5 Stunden schmoren.

3 In der Zwischenzeit die Pfifferlinge putzen, grob hacken und in einer Pfanne in etwas Öl scharf anbraten. Würzen mit Salz, Pfeffer und Ingwer und warm stellen.

4 Tomaten überbrühen, die Haut abziehen und würfeln. Bevor die Haxen gar sind, Orangenthymian, Zucker, Tomatenwürfel und den Sternanis dazugeben. Wer mag, kann auch etwas Knoblauch verwenden.

5 Das Bier in den Topf gießen und nochmals für 10 Minuten schmoren. Das Fleisch aus dem Topf nehmen und in vier Portionen aufteilen. Die mit etwas Wasser angerührte Speisestärke in den Biersud rühren und sämig binden. Die Sauce mit einem Schuss Balsamico, Salz, Pfeffer und Zucker abschmecken und etwas davon über die Haxe geben. Den Rest der Sauce separat servieren. Die Pfifferlinge auf den Haxen verteilen. Dazu schmecken Schupfnudeln, krosse Bratkartoffeln oder gebratene Polenta.

Weißbier-Birne mit Zwetschgenschaum

Zutaten: *2 feste Birnen | ¼ l Weißbier (z. B. Sebastian Riegele's Weisse) | ½ Zimtstange | 1 Sternanis | 250 g Zucker | 2 Eier | 100 g Puderzucker | 250 g Zwetschgen, entkernt | 4 cl Bierschnaps | 100 g Sahne | Beeren zum Garnieren | frische Minze*

1 Birnen schälen, halbieren und entkernen. Bier mit Zimtstange, Sternanis und Zucker erhitzen, aber nicht kochen lassen. Die Birnen in den Sud einlegen und ein paar Minuten durchziehen lassen, aber nur so lange, dass die Birne nicht weich wird und zerfällt. Vom Herd nehmen und abkühlen lassen.

2 Die Eier und den Puderzucker in eine Metallschüssel geben, aufschlagen und die Zwetschgen dazugeben. Über einem Wasserbad erhitzen und aufschlagen, bis die Zwetschgen weich werden, dann über einem kalten Wasserbad gleich wieder kalt rühren. Den Schnaps in die Masse geben und weiter aufschlagen. Sahne steif schlagen und vorsichtig unter die lauwarme Masse heben. Die Birnen auf eine große Platte legen und mit dem lauwarmen Schaum überziehen.

3 Einige frische Beeren und etwas Minze waschen, vorsichtig trockentupfen und die Weißbier-Birne damit garnieren.

Rezeptempfehlung von
Josef Unertl, Küchenchef
Riegele Wirtshaus
Brauhaus Riegele, Augsburg

Das wirklich erste Reinheitsgebot

Das bayerische Reinheitsgebot von 1516 ist wohl jedem bekannt, doch die Augsburger Brautradition liegt noch viel länger zurück. Schon 1156 wurde das Augsburger Reinheitsgebot von Stauferkaiser Friedrich Barbarossa erlassen. Unter seiner Herrschaft entstand zu dieser Zeit das Augsburger Stadtrecht, das als erstes Verbraucherschutzgesetz Deutschlands gilt, und auch ein Kapitel zu den Brauern und Bäckern der Stadt enthält. Bierbrauer, die die Gebote missachteten, mussten mit harten Strafen rechnen – so konnte schon 1156 die Qualität des Augsburger Bieres gesichert werden.

Semmelknödelcarpaccio mit Rucola in Bierdressing

Zutaten: *2 kalte Semmelknödel | 250 g Rucola | 3 Limetten | 125 ml Olivenöl | 4 EL Puderzucker | 1 TL Salz | 1 Msp. gemahlener weißer Pfeffer | 100 ml Weißbier (z. B. Schneider Weisse TAP1 Meine blonde Weisse) | 350 g kleine Pfifferlinge | 1 kleine Zwiebel | 50 g Butter | 8 Cocktailtomaten | Schnittlauch zum Garnieren*

Rezeptempfehlung von
Josef Nagler,
Weisses Bräuhaus im Tal,
München,
Schneider Weisse

1 Semmelknödel in sehr dünne Scheiben schneiden und auf Tellern so anrichten, dass in der Mitte Platz ist für den Rucola. Rucola waschen, trockenschleudern und auf die Teller verteilen. Den Saft der Limetten mit Olivenöl, Puderzucker, Salz und Pfeffer mit dem Pürierstab mixen, bis die Masse emulgiert. Bier unterquirlen und über Knödel und Rucola verteilen.

2 Pfifferlinge putzen, die Zwiebel in feine Würfel schneiden. Butter in einer Pfanne erhitzen und die Zwiebelwürfel glasig anschwitzen. Die Pfifferlinge zugeben und mitdünsten. Mit Salz und Pfeffer würzen und über die Semmelknödel geben. Mit den halbierten Cocktailtomaten und dem geschnittenen Schnittlauch garnieren.

Würzige Hähnchenbrust auf fruchtigem Bier-Curry

Zutaten: *½ Zwiebel | Öl zum Braten | ¼ l Weizenstarkbier (z. B. Schneider Weisse TAP5 Meine Hopfenweisse) | 1 kleine Banane | ½ Mango | ½ Babyananas | gelber Curry, süß | ½ rote Chilischote | 200 ml Geflügelbrühe | 200 g Sahne | Salz | frisch gemahlener Pfeffer | 4 Hähnchenbrustfilets mit Haut*

Rezeptempfehlung von
Josef Nagler,
Weisses Bräuhaus im Tal,
München,
Schneider Weisse

1 Zwiebel grob schneiden, Öl in einer Pfanne erhitzen und Zwiebel darin anschwitzen. Mit Bier ablöschen und auf die Hälfte reduzieren. Früchte schälen, in mittelgroße Stücke schneiden und die Hälfte davon zusammen mit Curry und Chilischote zur Zwiebel geben. Kurz weitergaren. Mit Brühe und Sahne auffüllen.

2 Sauce pürieren, mit Salz und Pfeffer abschmecken, restliche Früchte zugeben. Den Backofen auf 140 °C vorheizen. Öl in einer feuerfesten Pfanne erhitzen. Die Hähnchenfilets salzen, pfeffern, in die Pfanne legen und auf der Hautseite scharf anbraten. In den Backofen geben und etwa 20 Minuten garen.

3 Das Bier-Curry auf Teller verteilen und die Hähnchenfilets darauflegen. Dazu schmeckt Wildreis besonders gut.

Starkbier-Mousse mit frischen Früchten

Zutaten: *4 Blatt weiße Gelatine* | *¼ l Weizenstarkbier (z. B. Schneider Weisse TAP6 Unser Aventinus)* | *2 Eigelb* | *120 g Zucker* | *Mark einer Vanilleschote* | *250 g Sahne* | *Früchte der Saison*

1 Gelatine einweichen und ausdrücken. Bier mit Eigelben, Zucker und dem Vanillemark im heißen Wasserbad mit dem Schneebesen aufschlagen, bis es anfängt, dickschaumig zu werden. Etwas von der Biermasse in die Gelatine rühren und dann unter die restliche Masse heben. Kalt rühren, bis die Masse handwarm ist. Sahne steif schlagen und vorsichtig unterheben. In Gläser füllen und kalt stellen.

2 Die Früchte waschen, trockentupfen und die Mousse damit garnieren.

Rezeptempfehlung von
Josef Nagler,
Weisses Bräuhaus im Tal,
München,
Schneider Weisse

Ganz historisch im »Tal«

Die zentrale Lage des Weissen Bräuhauses im »Tal« ist eng mit der Entstehungsgeschichte Münchens verknüpft. Herzog Heinrich der Löwe machte Bischof Otto I. von Freising den Isarübergang der Salzstraße bei Föhring streitig. Deshalb ließ der Adelige die Brücke einfach abbrennen und baute flussaufwärts eine neue. Danach führten die Salztransporte von Salzburg über Reichenhall und München nach Augsburg. Den Konflikt zwischen Herzog und Bischof beendete 1158 Kaiser Friedrich I. Barbarossa. Heinrich der Löwe erhielt das Markt-, Münz- und Zollrecht für München. Jedoch musste er ein Drittel des Gesamteinkommens an den Bischof abgeben. Mit der Stadtgründung von München wurde dieser Beschluss besiegelt und das »Tal« wurde zum Zentrum für Fuhrwerke und Reisewagen, die Rast machten, um sich für die Weiterfahrt zu stärken. Heute zählt das Weisse Bräuhaus im Tal zu den beliebtesten, traditionellen Wirtshäusern in München und erfreut die Besucher mit seinen Weißbierspezialitäten.

Weißbiercremesuppe mit Pinzgauer Schotten

Zutaten: *150 g Kartoffeln | 80 g Zwiebel | 1 kleiner Apfel | 50 g Speck | 80 g Butter | Salz | frisch gemahlener Pfeffer | 125 ml Weißbier (z. B. Stiegl Weisse) | 1 l Hühner- oder Rinderbrühe | 250 g Sahne | 20 g Pinzgauer Schotte*

Rezeptempfehlung von
Ramon Mayer,
Chefkoch Stiegl-Brauwelt,
Stieglbrauerei zu Salzburg

1 Kartoffeln, Zwiebel und Apfel schälen und ebenso wie den Speck in grobe Würfel schneiden und in einem Topf in Butter anschwitzen. Salzen und pfeffern und mit Bier ablöschen. Mit Brühe aufgießen und eine halbe Stunde köcheln.

2 Die Suppe mit dem Pürierstab pürieren, passieren und mit Sahne verfeinern. Abschmecken und die Pinzgauer Schotte dazugeben. Heiß servieren.

Flaschen-Kunst

Bei Stiegl steckt nicht nur Braukunst in der Flasche, auch das Etikett ist pure Kunst – mit der Braukunst-Edition schafft die österreichische Brauerei jedes Jahr eine ganz besondere Linie an Bieren, die mit ihren künstlerischen Etiketten begehrte Sammlerexemplare sind. 1993 gibt es die erste 0,33 l-Bierflaschen-Serie mit kunstvoll gestalteten Etiketten. Bis zum Jahr 2002 wurde jeweils ein Künstler oder eine Künstlerin zur Gestaltung eines Entwurfes beauftragt. 2003 entwarfen Studenten aus den Meisterklassen der Universität für angewandte Kunst in Wien unterschiedliche Motive, die dann die Biere zieren durften.

Jedes Jahr steht die Etikettengestaltung unter einem bestimmten Motto wie »Ballsaison«, mit dem 2008 nicht der Wiener Opernball, sondern die EM-Kicker gehuldigt wurden. Auch das Thema »Bierspiele 2012« lehnte sich an ein sportliches Großereignis an – die Olympischen Spiele in London wurden von Künstlern amüsant-kritisch umgesetzt und schenkten den Bierflaschen eine ganz besondere Optik. Besonders in Szenelokalen ist die Flaschen-Kunst beliebt und Sammler sowie Kunstliebhaber freuen sich jedes Jahr auf die Stiegl-Edition.

Geschmortes Schalblattel vom Rind mit Biersenf-Kruste

Zutaten:

Für das Schalblattel vom Rind: 4 Stück Schalblattel vom Rind (marmoriertes Stück aus dem oberen Teil der Keule) | Salz | schwarzer Pfeffer | Biersenf | 50 ml Olivenöl | 80 g Karotten | 40 g Zwiebel | 40 g Sellerie | 50 g Tomatenmark | 250 ml Rotwein | 2 l brauner Kalbsfond oder Rinderbrühe | 3 Zweige Thymian | 1 Lorbeerblatt | Wacholderbeeren | 2 Knoblauchzehen | 1 festkochende Kartoffel | 125 ml helles Bier (z. B. Stiegl Goldbräu)

Für die Biersenf-Kruste: 250 g Weißbrot oder Semmel | 40 g Schalotten | 80 g Butter | 20 ml helles Bier (z. B. Stiegl Goldbräu) | 125 ml Milch | Salz | weißer Pfeffer | frisch geriebene Muskatnus | 2 Eier | 60 g Biersenf

1 Fleisch salzen, pfeffern und mit Biersenf einreiben. Öl in einem Bräter erhitzen und das Fleisch auf allen Seiten gleichmäßig anbraten. Aus dem Topf nehmen und beiseitestellen. Karotten, Zwiebel und Sellerie in gleichmäßige, etwa 1 cm große Würfel schneiden und langsam im Bratensatz vom Fleisch braun rösten. Tomatenmark dazugeben und noch etwas weiterrösten. Mit Rotwein ablöschen, etwas reduzieren und mit Kalbsfond aufgießen. Kräuter, Gewürze und Knoblauch dazugeben und noch etwas würzen. Fleisch in den kochenden Fond geben und etwa 1 Stunde zugedeckt im Backofen schmoren. Die weich geschmorten Fleischstücke aus dem Fond nehmen und die Flüssigkeit durch ein feines Haarsieb passieren. Den Fond aufkochen und die geschälte Kartoffel fein reiben und dazugeben. 20 Minuten köcheln lassen, kurz aufmixen und mit dem Bier und Biersenf abschmecken.

2 Weißbrot entrinden und in etwa 1 cm große Würfel schneiden. Schalotten sehr klein würfeln und in 20 g Butter anschwitzen. Mit dem Bier ablöschen und unter die Weißbrotwürfel mischen. Milch erwärmen, mit Salz, Pfeffer und Muskatnuss würzen und über das Weißbrot gießen, gut vermengen.

3 Eier trennen. Restliche Butter mit dem Biersenf schaumig rühren und mit den Eigelben zu einer weichen, lockeren Masse verquirlen. Masse unter die Weißbrotmischung rühren. Eiweiß steif schlagen und unterheben.

4 Das geschmorte Fleisch mit der Masse locker bedecken und unter dem Grill oder bei starker Oberhitze im Backofen gratinieren.

Rezeptempfehlung von
Ramon Mayer,
Chefkoch Stiegl-Brauwelt,
Stieglbrauerei zu Salzburg

Knödel vom Schaffrischkäse und Erdbeer-Rhabarber-Kompott

Zutaten:

Für die Zimtbrösel: *60 g Butter | 120 g Paniermehl | 40 g Zucker | 5 g gemahlener Zimt*

Für den Teig: *300 g Schaffrischkäse | 30 g Butter | 2 Eier | 60 g Grieß | 100 g Weizendunst | Salz | 150 g Weißbrotbrösel | Puderzucker*

Für das Erdbeer-Rhabarber-Kompott: *200 g Rhabarber | 100 ml Weißbier (z. B. Stiegl Weisse) | 120 g Zucker | 1 Vanillestange | Saft einer Zitrone | 10 g Maisstärke | 200 g Erdbeeren*

1 Butter in der Pfanne schmelzen. Paniermehl und Zucker einrühren, anschließend Zimt hinzugeben und unter Rühren goldbraun werden lassen.

2 Für den Teig Schaffrischkäse und Butter schaumig rühren. Mit Eiern, Grieß, Weizendunst und 1 Prise Salz verkneten. Etwa 2 Stunden im Kühlschrank ruhen lassen. Den Teig portionieren und zu Knödeln formen. Einen großen Topf mit Salzwasser zum Kochen bringen und die Knödel darin etwa 10 Minuten köcheln. Mit einer Schaumkelle herausnehmen und vor dem Anrichten leicht in den Zimtbröseln wälzen.

3 Rhabarber waschen, abziehen und in 2 cm große Stücke schneiden. 300 ml Wasser, Bier, Zucker, Vanillestange und Zitronensaft aufkochen. Rhabarber hineingeben und 10 Minuten ziehen lassen. Rhabarber wieder herausnehmen und zur Seite stellen. Bierfond reduzieren und mit der in 2 EL Wasser angerührten Stärke binden. Abkühlen lassen.

4 Erdbeeren waschen und in 5 mm dicke Scheiben schneiden. In den Bierfond geben und eine Stunde marinieren. Die Rhabarberstücke dazugeben und das Kompott abschmecken. Beim Anrichten mit Puderzucker bestäuben.

Rezeptempfehlung von
Ramon Mayer,
Chefkoch Stiegl-Brauwelt,
Stieglbrauerei zu Salzburg

Zötlers feine Bier-Suppe mit Croûtons

Zutaten: *40 g Butter plus Butter zum Braten | 3 EL Mehl | 1 l Helles (z. B. Zötler Gold) | Salz | frisch gemahlener Pfeffer | 1 Prise Zucker | gemahlener Zimt | 70 g Crème fraîche | 4 Scheiben Toastbrot*

Rezeptempfehlung von
Adi Zötler,
Seniorchefin der Brauerei,
Privat-Brauerei Zötler

1 Butter in einem Topf bei mäßiger Hitze zerlassen, Mehl einrühren und mit dem Bier vorsichtig ablöschen. Mit Salz, Pfeffer und Zucker sowie etwas Zimt abschmecken, unter Rühren aufkochen und etwa 10 Minuten köcheln lassen.

2 Vor dem Servieren den Topf von der Herdstelle nehmen und die Crème fraîche mit einem Schneebesen kräftig einrühren.

3 Toastbrot in Würfel schneiden und in einer Pfanne in Butter bräunen. Die heiße Biersuppe in angewärmte Teller füllen und mit den Croûtons garnieren.

Spargel nach Bierbrauerart mit Curry-Note

Zutaten: *1,5 kg Spargel | 0,2 l helles Bier (z. B. Zötler Bayerisch Hell) | 4 EL Butter | 2 TL Salz plus Salz für die Sauce | 2 TL Zucker | 1 Zwiebel | 1 Knoblauchzehe | 4 TL scharfes Curry (z. B. Madras Curry) | 150 g Sahne | Speisestärke | frisch gemahlener Pfeffer*

Rezeptempfehlung von
Adi Zötler,
Seniorchefin der Brauerei,
Privat-Brauerei Zötler

1 Spargel schälen. Bier, 2 Liter Wasser, 2 Esslöffel Butter, Salz und Zucker in einen Topf mit großem Durchmesser geben, zum Kochen bringen und den Spargel darin garen. Spargel herausnehmen und warm stellen, den Sud aufheben.

2 Zwiebel und Knoblauchzehe hacken und in der restlichen Butter glasig dünsten. Curry in etwas Spargelsud auflösen, zu den Zwiebeln geben und etwa 15 Minuten köcheln.

3 Sahne mit etwas Speisestärke verrühren, mit 50 ml Sud zu den Zwiebeln geben und bis zur gewünschten Dicke einkochen. Mit Salz und Pfeffer würzen. Den Spargel mit etwas Sauce überzogen servieren.

Knuspriges Hähnchen in Dunkelbier-Sauce

Zutaten: *1 kg Hähnchen | Saft einer Zitrone | 40 g Butter | Salz | frisch gemahlener Pfeffer | 500 g Karotten | 1 Zwiebel | 3 Stangen Staudensellerie | ½ l Fleischbrühe | ½ l dunkles Bier (z. B. Zötler Korbinian Dunkel) | 1 Bund Frühlingszwiebeln | 1 TL Honig*

1 Hähnchen waschen, trockentupfen und mit Zitronensaft einreiben. Butter in einem Bräter erhitzen, das Hähnchen auf allen Seiten anbraten und mit Salz und Pfeffer würzen.

2 Backofen auf 200 °C vorheizen. Die geputzten Karotten, die Zwiebel und den Sellerie in Stücke schneiden und mitbraten. Mit heißer Brühe ablöschen. Mit dem Bier aufgießen und im Backofen 20 Minuten garen. Zwischendurch den Bratensatz an der Topfinnenseite abschaben.

3 Abschließend die geputzten Lauchringe in dünne Scheiben schneiden und vorsichtig in den Bratensatz rühren. Mit Honig abschmecken und sofort anrichten. Als Beilage eignet sich gut Basmatireis.

Rezeptempfehlung von
Adi Zötler,
Seniorchefin der Brauerei,
Privat-Brauerei Zötler

Bierempfehlung
Korbinian Dunkel – Zötler

Beschwipste Apfelküchle mit Bierschaum

Zutaten (6 Portionen): *6 große Äpfel | 1 EL Puderzucker | 2 EL Weinbrand | 5 Eier | 150 g Mehl | 1 EL Öl | 1 Prise Salz | 1 EL Speisestärke | 140 g Zucker | 0,75 l Bockbier (z. B. Zötler Maibock) | 180 g Pflanzenfett*

Rezeptempfehlung von
Adi Zötler,
Seniorchefin der Brauerei,
Privat-Brauerei Zötler

Bierempfehlung
St. Stephans Bock – Zötler

1 Äpfel schälen, mit dem Apfelausstecher die Kerngehäuse entfernen und in je 5–6 dicke Scheiben schneiden. Puderzucker über die Apfelscheiben streuen und mit Weinbrand beträufeln. 60 Minuten ruhen lassen.

2 Für den Ausbackteig die Eier trennen. Mehl, Öl, Salz, Speisestärke, 2 Eigelbe, 40 g Zucker und 0,5 Liter Bockbier zu einem dickflüssigen Teig verrühren. 2 Eiweiß steif schlagen und unterheben. Pflanzenfett in einem Fett-Topf erhitzen, die Apfelscheiben durch den Ausbackteig ziehen und goldgelb ausbacken. Auf Küchenpapier abtupfen und warm stellen.

3 Für die Sauce 2 Eigelbe, 1 Ei und 100 g Zucker schaumig rühren. Das restliche Bier untermixen. Im heißen Wasserbad so lange rühren, bis die Masse weiß-cremig ist. Mit den ausgebackenen Apfelringen anrichten.

Adressen, (Online-)Bezugsquellen von Bierspezialitäten

www.bier-deluxe.de
Bier-Deluxe GmbH
Grossschulzendorfer Str. 14
14974 Ludwigsfelde

www.biershop.bierpost.com
Biercontor Wildberg
Hauptstraße 13
17091 Wildberg

www.biershop-bayern.de
BIER & BIER Genuss GmbH
Seestr. 1a
83026 Rosenheim

www.bierzwerg.de
Kay Schmädicke & Stephan Braun GbR
Hansaring 142
48268 Greven

www.dehlwisch.de
Dehlwisch – Handelshaus für internationale Getränke
Bahnhofstraße 31
49393 Lohne

www.lebensart22.de
Lebensart22
Am Erberslohe 11
91154 Roth

Onlineshop www.pachmayr.de
Otto Pachmayr GmbH & Co.
Mineralwasser KG
Kolpingring 20
82041 Oberhaching

www.probier-shop.de
PROBIER GmbH
Am Brambusch 22
44536 LÜNEN

Bierland Hamburg
Seumestraße 10
22089 Hamburg
Telefon: 040 20 89 71
Fax: 040 20 50 22
E-Mail: info@bierland-hamburg.de

KALEA GmbH
Biberngasse 31
A-5020 Salzburg
Telefon: +43 662 820474
Fax: +43 662 829402
E-Mail: info@kalea.at
Web für Österreich: www.kalea.at
Web für Deutschland: www.original-kalea.de

Maruhn GmbH & Co. KG
Getränke Einzelhandel
Pfungstädterstr. 174
64297 Darmstadt
Telefon: 06151 42880 0
Fax: 06151 42880 28
E-Mail: info@maruhn.de

Weiterführende Informationen zum Thema Bier, Verbände in Deutschland

www.bayrisch-bier.de
Bayerischer Brauerbund e.V.
Oskar-von-Miller-Ring 1
80333 München
Telefon: 089 28 66 04-0
Fax: 089 28 66 04-99
E-Mail:
brauerbund@bayerisches-bier.de

www.bierwiki.org/www.private-brauereien-bayern.de
Private Brauereien Deutschland e.V./
Private Brauereien Bayern e.V.
Thomas-Wimmer-Ring 9
80539 München
Telefon: 089 29 09 56 0
Fax: 089 22 01 79
E-Mail:
info@private-brauereien-deutschland.de
oder info@private-brauereien-bayern.de

www.biersommelier.de
Verband der Diplom Biersommeliers
Sixtenstr. 3
A-5162 Obertrum/Österreich

www.biersommeliers.de
Vermittlungsplattform
für Biersommeliers
Pressesprecherin
Sandra Ganzenmüller
Telefon: 0172 843 33 35
sas@hganzenmueller.de

www.brauer-bund.de
Deutscher Brauer-Bund e.V.
Neustädtische Kirchstraße 7A
10117 Berlin
Telefon: 030 20 91 67-0
Fax: 030 20 91 67-99

www.die-freien-brauer.com
Brau Kooperation – Die Freien Brauer
GmbH & Co. KG
Brackeler Hellweg 124
D-44309 Dortmund
Telefon: 0231 92 50 91 0
Fax: 0231 92 50 91 91
E-Mail: info@die-freien-brauer.com

www.doemens.org
Doemens Genussakademie
(Seminare und Ausbildung zum
Biersommelier und Bierbotschafter)
Stefanusstraße 8
82166 Gräfelfing / München
E-Mail: info@doemens.org

Quellenverweise

Bayerischer Brauerbund e.V.: www.bayrisch-bier.de

Calagione, Sam und Old, Marnie (2009): He Said Beer, She Said Wine: Impassioned Food Pairings to Debate and Enjoy: from Burgers to Brie and Beyond. London (UK): DK Publishing

Deutscher Brauer-Bund e.V.: www.brauer-bund.de

Die Freien Brauer GmbH & Co. KG: www.die-freien-brauer.com und Kartenset »Das perfekte Doppel«

Diplom-Biersommeliers Trademarketing Gastronomie Brauunion Österreich (2012): Beer Storytelling. Wien: Selbstverlag

Jackson, Michael (2008): Biere der Welt, deutschsprachige Ausgabe. München: Dorling Kindersley Verlag GmbH

Jackson, Michael (2000): Bier, deutschsprachige Ausgabe. Starnberg: Dorling Kindersley Verlag GmbH

Klever, Katrin und Endres, Alexandra (2012): Klevers Kompass Kalorien & Fette. München: Gräfe und Unzer Verlag GmbH

Krauß, Irene (1994): »Heute back' ich, morgen brau' ich…«. Ulm: Franz Spiegel Buch GmbH

Mosher, Randy (2009): Tasting beer. North Adams (USA): Storey Publishing

N.N. (2012): Das Glück ist ein Garten. GENUSS.bier.purDeutschland 01/2012, Seite 27

Schiffner, Karl und Wejwar, Sepp (2010): Bier kombiniert. Wien: Österreichischer Agrarverlag Druck- und VerlagsGmbH Nfg. KG

Stempfl, Dr. Wolfgang (2011): Die Revolution und ihre Kinder. GENUSS.bier.purDeutschland 02/2011, Seite 47

Stempfl, Dr. Wolfgang (2005): Ausbildung zum Biersommelier. s.l.: unveröffentlichtes Skript

Verband Private Brauereien Bayern e.V.: Genuss ist unser Bier. München: Selbstverlag

Rezeptverzeichnis

Über die Autoren

Sebastian Priller-Riegele ist zweiter Weltmeister der Sommeliers für Bier und die 28. Braugeneration im Augsburger Brauhaus Riegele. Zusammen mit seinem Vater zeichnet er für die Geschicke der traditionsreichen Brauerei verantwortlich. Als Quereinsteiger, der früher als Unternehmensberater bei der Boston Consulting Group tätig war, wurde er 2007 Augsburgs erster Biersommelier. Bier ist für ihn Hobby und Leidenschaft zugleich. Bier ist für ihn kein Getränk – es ist eine Art Philosophie, Synonym für Genuss oder einfach flüssige Lebensfreude.
In seiner Brauerei zelebriert er Bierkultur in Reinform mit einer eigenen BierManufaktur für Raritäten und einer BierAkademie, die vom Braukurs bis zum BierExperten-Seminar alles rund ums Bier zu erzählen weiß. Das Brauhaus Riegele ist Träger des »Bundesehrenpreises für Qualität«, zahlreicher Medaillen der international anerkannten Wettbewerbe »European Beer Star« sowie des »World Beer Cups« und Träger des Titels »Bier des Jahrzehnts«. Als Mitglied beim Werteverbund Die Freien Brauer hat Sebastian Priller-Riegele sich und seine gut 100-köpfige Brauereimannschaft zu sieben Werten verpflichtet, darunter auch »Höchste Qualität« und »Einzigartige Vielfalt«.

Sandra Ganzenmüller hat durch ihr Studium an der TU München in Freising-Weihenstephan den Zugang zu der spannenden Welt der Biere gefunden und als erste Ernährungswissenschaftlerin die Ausbildung zur Biersommelière absolviert. Nach verschiedenen Berufsstationen in mittelständischen Lebensmittelunternehmen und international agierenden Agenturen ist sie Geschäftsführerin einer eigenen Kommunikationsagentur mit Kunden aus dem Bereich Lifestyle & Genuss – Lebensmittel und Getränke.
Sandra Ganzenmüller ist seit ein paar Jahren festes Jurymitglied beim European Beer Star (Deutschland), seit 2012 Teil der 200-köpfigen Testerriege des World Beer Cups (USA), unterstützt seit 2013 die Macher der Brussels Beer Challenge als Tester sowie seit 2015 als Jurypräsidentin den Internationalen Craft Beer Award des Meininger Verlags. Sie ist Pressesprecherin des Biersommelierverbandes und arbeitet als Vorstandsmitglied konsequent an der Verbreitung der deutschen Biervielfalt und Bierkultur mit. Als Ernährungswissenschaftlerin liegt ihr der gesundheitliche Aspekt von Bier sehr am Herzen; sie rät Brauereien, die kommunikative Verknüpfung von Bier mit dem Begriff Gesundheit vor dem Hintergrund der derzeitigen gesellschaftlichen Strömungen mit großer Vorsicht zu begehen.

Die Fotografen

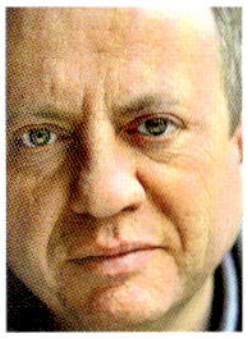

Tanja Bischof ist gelernte Köchin mit Erfahrung aus Sterne- und Gourmetküchen. Seit 1994 hat Sie sich auf Foodstyling & Foodfotografie für Kochbücher, Foodmagazine und Werbung spezialisiert.

Harry Bischof ist Foodfotograf aus Liebe zum Kochen. Neben allem Essbaren fotografiert und porträtiert er auch berühmte Köche und Genießer. Seit 1985 betreibt er sein Fotostudio L'Eveque in der Münchner Innenstadt.

Impressum

Bibliografische Information der Deutschen Nationalbibliothek

Die Deutsche Nationalbibliothek verzeichnet diese Publikation in der Deutschen Nationalbibliografie; detaillierte bibliografische Daten sind im Internet über http://dnb.d-nb.de abrufbar.

BLV Buchverlag GmbH & Co. KG
80636 München

Bildnachweis:
Alle Bilder: Tanja und Harry Bischof, Studio L'Eveque
Außer: Peter Raider: S. 33, 50; Weyermann Malzfabrik: S. 11 (2); Brauhaus Riegele: S. 2/3, 4 o. li., 8, 9, 34, 126 o.; Weisses Bräuhaus G. Schneider & Sohn GmbH: S. 16; Andreas – Fotolia.com: 15; Die Freien Brauer: S. 18; Sandra Ganzenmüller, zweiblick//kommunikation: S. 7, 13, 126 u.; Pyraser Landbrauerei: S. 26
Illustrationen Gläser: Gisela Rüger
Grafik Ähre: Alexkava-fotolia.de

Umschlagfotos:
Vorderseite und Rückseite links und rechts: Studio L'Eveque Tanja und Harry Bischof; Rückseite Mitte: Brauhaus Riegele

Lektorat: Sarah Weiß, Martina McQueen
Herstellung: Ruth Bost
Layoutkonzept Innenteil: griesbeckdesign, München
Satz und Layout: Anton Walter, Gundelfingen

Gedruckt auf chlorfrei gebleichtem Papier

Printed in Germany
ISBN 978-3-8354-1394-8

Hinweis
Das vorliegende Buch wurde sorgfältig erarbeitet. Dennoch erfolgen alle Angaben ohne Gewähr. Weder Autoren noch Verlag können für eventuelle Nachteile oder Schäden, die aus den im Buch vorgestellten Informationen resultieren, eine Haftung übernehmen.

www.facebook.com/blvVerlag

Blauweiße Lieblingsrezepte

Florian Lechner

Die neue Bayrische Küche

Bodenständig raffiniert: das Gourmet-Grundkochbuch. Von Florian Lechner, dessen »ausgezeichnete Küche mehr als das Alltägliche bietet« (Gault Millau). Echte, traditionelle bayrische Lieblingsrezepte mit jungen, pfiffigen Variationen. Mit Geschichten und Anekdoten zu bayrischer Lebensart und Traditionen rund ums Genießen.

ISBN 978-3-8354-1151-7